时代华商
物业管理
策划中心

组织编写

智慧物业管理与服务系列

物业管理投诉
解决与沟通技巧

全国百佳图书出版单位

 化学工业出版社

·北京·

内容简介

《物业管理投诉解决与沟通技巧》一书由第一部分物业管理投诉解决：客户投诉的分析、客户投诉的处理、客户投诉的防范，以及第二部分物业服务沟通技巧：物业服务沟通概述、物业服务沟通要素、与业主的沟通、与业主委员会沟通，共七章内容组成。

本书采用图文解读的方式，让读者在轻松阅读中了解物业管理与服务的要领并学以致用。本书尽量做到去理论化，注重实操性，以精确、简洁的方式描述重要知识点，满足读者希望快速掌握物业管理相关知识的需求。

本书可作为物业公司基层培训的教材；物业公司也可运用本书内容，结合所管辖物业的实际情况，制定有本公司特色的物业服务工作标准。

图书在版编目（CIP）数据

物业管理投诉解决与沟通技巧/时代华商物业管理策划中心组织编写． —北京：化学工业出版社，2022.9
（智慧物业管理与服务系列）
ISBN 978-7-122-41766-4

Ⅰ．①物⋯　Ⅱ．①时⋯　Ⅲ．①物业管理－商业服务
Ⅳ．①F293.33

中国版本图书馆CIP数据核字（2022）第112302号

责任编辑：陈　蕾　　　　　　　　　装帧设计：溢思视觉设计
责任校对：李雨晴　　　　　　　　　　　　　　E-mail: isstudio@126.com

出版发行：化学工业出版社（北京市东城区青年湖南街13号　邮政编码100011）
印　　装：天津画中画印刷有限公司
710mm×1000mm　1/16　印张12　字数159千字
2022年10月北京第1版第1次印刷

购书咨询：010-64518888　　　　　　　　售后服务：010-64518899
网　　址：http://www.cip.com.cn
凡购买本书，如有缺损质量问题，本社销售中心负责调换。

定　　价：59.80元　　　　　　　　　　　　　　版权所有　违者必究

前言

Preface

随着城市化进程的不断加快与深入，居民社区、写字楼、大型商场、公共基础服务设施、工业园区、学校、医院、景区等都对物业管理这一行业有着极大的需求。但是，针对不同等级的物业标准又对物业管理的要求提出了相应的规范，而现代高水平的物业管理正有推向智能化发展的趋势，打造一个便捷、舒适、高效、智能的物业管理氛围是现代物业管理不断向前发展的探索目标。

目前，物业管理行业不仅需要强化各项信息化手段在现代物业管理中的应用力度，还应促使现代物业管理向着智能化方向发展。具体要求要突出现代物业管理的智能化内涵，满足现代化社区对物业管理的要求，为居民提供更加智能化、人性化的服务，推动物业服务高质量发展。

2020年，住房和城乡建设部、工业和信息化部、国家市场监督管理总局等6部门联合印发的《关于推动物业服务企业加快发展线上线下生活服务的意见》中明确指出，要推进物业管理智能化，强调推动设施设备管理智能化。在物业管理行业逐渐进入泛智慧化的新阶段，设施设备作为物业管理领域中的重点和难点，同时也是融合新技术进行价值赋能最好的试验田，成为各物业公司的"必争之地"，其中以建筑智能化为抓手进行数字化转型已成为发展智慧物业的主要落脚点之一。

智慧物业借助智慧城市、智慧社区起步发展，正逐步实现数字化、智慧化。智慧停车、智慧安防、智慧抄表、智能门禁、智能会议等智能化应用，在一定程度上提高了物业管理企业的态势感知、科学决策、风险防范能力，在激烈的市场竞争中为降本增效提供了充分的技术保障，进而增强企业的数字化治理能力。数字化治理是新时代下智慧物业管理应用的鲜明特征，将引领物业管理行业管理方式的深刻变革，推动面向建筑智能化的智慧物业应用迈向新高度。

现代物业管理既是机遇又是挑战，因此，物业服务企业要重视各类专业的智能化管理技术，从劳动密集型向技术密集型转变，不断学习更新管理服务技术，紧跟科技潮流，向着更广阔的发展前景迈进。

基于此，我们组织相关职业院校物业服务专业的老师和房地产物业咨询机构的老师联合编写了本书。

《物业管理投诉解决与沟通技巧》一书由物业管理投诉解决（客户投诉的分析、客户投诉的处理、客户投诉的防范）和物业服务沟通技巧（物业服务沟通概述、物业服务沟通要素、与业主的沟通、与业主委员会的沟通）两部分共七章内容组成，可为物业管理者提供参考。

　　本书在编写过程中引用的范本和案例，大都来自知名物业企业，但范本和案例是解读物业服务企业标准化实操的参考和示范性说明，概不构成任何广告。

　　由于编者水平有限，加之时间仓促、参考资料有限，书中难免出现疏漏，敬请读者批评指正。

编　者

目录

Contents

第一部分 1 | 物业管理投诉解决

第二部分
63

物业服务沟通技巧

第一部分
Part one

物业管理投诉解决

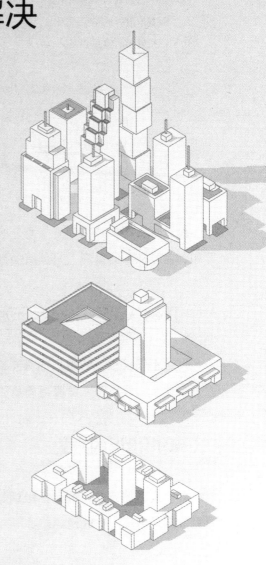

第一章　客户投诉的分析

本章学习目标

1. 对投诉行为有初步的认识。
2. 了解客户投诉的常见原因。
3. 了解投诉者的常见心态。

第一节　投诉行为认识

投诉是指客户认为物业管理工作上的失误、失职或失控伤害了他们的自尊和利益，从而向管理人员或有关部门提出口头或书面意见。

一、正确认识客户投诉行为

投诉不仅仅意味着客户的某些需要未能得到满足，而且也是客户对物业服务企业及物业管理人员服务质量和管理质量的一种劣等评价。

二、客户投诉的方式

客户投诉的方式一般包括电话、个人亲临、委托他人、信函邮寄、投送意见信箱、传真和互联网等。

> **❓ 小提示**
>
> 处理客户投诉，是物业服务企业在物业管理与服务工作中的一项重要任务，也是与客户直接交流、沟通的最佳方式。

三、客户投诉的意义

客户投诉是企业改进的一剂良药，处理得好，不仅可以挽留客户，弥补损失，同时还能促进企业提高产品和服务的质量。对于以提供服务为主的物业服务企业来说，客户投诉的意义体现在图1-1所示的几个方面。

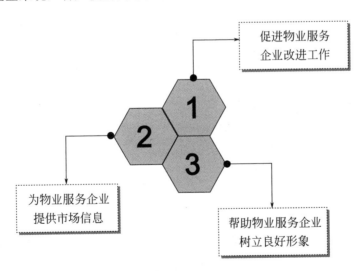

图1-1 客户投诉的意义

1.促进物业服务企业改进工作

在物业服务企业提供服务的过程中，客户会因为各种问题提出不同程度的投诉，甚至有时还会让物业管理人员感到委屈与难堪。此时，物业管理人员要认真思考客户投诉的原因，确定是否为自身的问题，是哪些工作没有做到位。客户的投诉往往会促使物业服务企业发现原本并未重视甚至是以往忽视的问题，从而帮助物业服务企业及时改进工作，提高服务水平。并不是每位客户发现问题都会投诉，因此，能够获得促进服务水平提高的客户投诉，物业服务企业应该倍加珍惜。

2.为物业服务企业提供市场信息

客户对物业服务企业的要求和需求是在不断提高和变化的，但是物业服务企业仅凭平时按部就班的日常性工作是无法掌握相关市场信息的。客户的投诉如果能被物业服务企业认真对待和整合，实际上是可以反映出不断变化的市场需求和相关市场信息的。

通常来说，客户投诉的内容范围很广，其中有些会涉及物业服务企业没有想到或是没有做到的层面，甚至会反映出竞争对手的服务水平、服务理念，这些对于物业服务企业来说都是非常宝贵的信息资源。

3.帮助物业服务企业树立良好形象

一般来说，客户遇到问题，第一步都是向物业服务企业投诉，如果物业服务企业对投诉的问题置之不理或处理不当，客户就会向消费者协会提出投诉，甚至向法院或媒体寻求帮助，到那时，企业的形象就会大受影响。但是，如果物业服务企业对客户提出的问题能够及时处理，就会重新树立客户对物业服务企业的信心，加强客户对物业服务企业的信任度。

知识拓展

正确理解与对待客户投诉

对于物业服务企业来说，投诉能指出其在服务过程中应改善的环节。投诉其实也是客户给企业提供的改善服务的机会，使有意见的客户重新接受企业，忠于企业。因此，要正确理解与对待客户投诉。

1.纠正错误、维护品牌

接待与处理各类物业管理投诉是物业管理和服务中重要的组成部分，也是提高物业管理服务与水准的重要途径。物业管理投诉的处理与解决，不仅可以纠正物业管理与服务运行中出现的各项错误或不足，而且还能够维护和提高物业服务企业的信誉和形象。

2.端正态度、把握机遇

受理及处理客户的投诉，对物业服务企业来说，并非愉快之事，但若能正确看待物业管理投诉，并把它转换为一种机会——一种减少失误、改善管理、加深与客户沟通的机会，坏事也就变成了好事。

3.掌握需求、提升满意度

客户是物业服务中管理运行的好坏、服务质量的优劣最具有权威的评判者，他们的投诉往往会暴露出物业服务企业在物业管理与服务中存在的缺陷。物业服务企业也可以从中窥见客户对物业管理与服务的需求和期望。物业服务企业应将各类投诉项目归类存档，同时运用科学的统计方法进行客户满意度的测评，从而得出有效的数据，知晓客户的满意度，找出问题的关键所在，并加以利用，使管理与服务更上一层楼。

4.响应及时、提高效率

物业服务企业每天都有可能遇到各种各样的投诉，如果不能及时处理、解决，就会导致客户反反复复的电话投诉、书信投诉等。既影响了客户的正常工作与生活，又给投诉处理带来了新的难度。久而久之，客户就会用拒交物业管理费等方式作无声的抵抗，这样就直接影响了企业的经济效益。

5.认真对待、跟进落实

客户感知的物业服务不是客观的、整体的服务，而是对直接、间接获得的相关信息的主观分析。物业服务企业倘若对客户投诉不认真对待，客户就会把仅占百分之一的不良服务直接归咎于企业的服务水平上，那么物业服务企业管理得再好，服务水平再优秀，也无法使客户改变想法，最终会直接影响企业辛辛苦苦创建起来的良好声誉与品牌。

第二节　投诉原因分析

实践中，物业管理投诉和纠纷的产生有多方面的原因，既有房地产开发商遗留的问题，也有客户消费意识淡薄，或者是物业服务企业经营行为不规范等因素。

一、开发商遗留因素

开发商遗留的问题，通常分为图1-2所示的两类

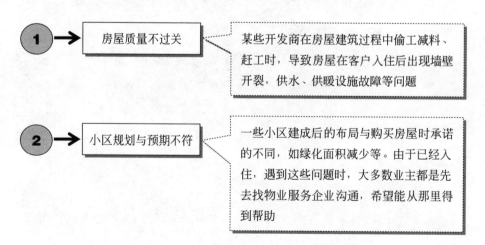

图1-2　开发商遗留因素引起的投诉

二、小区环境与配套因素

指客户对物业的整体布局、环境设计、各类配套等感到不满，主要包括以下几种情形：

（1）绿化覆盖率少，花草树木种植量少或品种单一。

（2）水电煤或有线电规、防盗系统等部分未到位。

（3）物业区域内的垃圾房、公共设备用房及其他用房布局不合理。

（4）没有足够的车辆停放场所。

（5）没有休闲与娱乐场所或活动室。

（6）没有商业网点（如便利店）等。

三、设施设备因素

设施设备因素导致的客户投诉，主要有图1-3所示的两类。

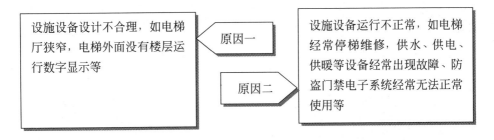

图1-3 设施设备引起的投诉

四、管理服务因素

物业服务企业中物业管理人员的服务态度、服务时效、服务质量、所提供的服务项目等达不到客户的期望而引起的投诉，具体如图1-4所示。

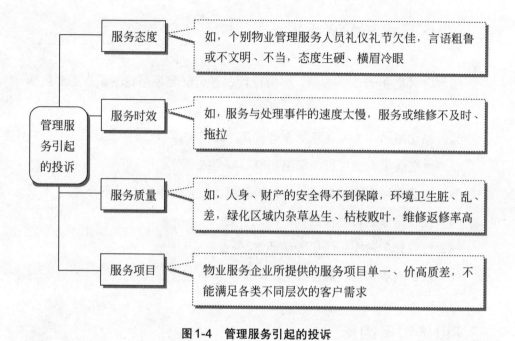

图1-4 管理服务引起的投诉

> **❓ 小提示**
>
> 由于服务管理人员与客户都有着不同的个性，所以，此类投诉很容易发生。

五、管理费用因素

主要是对物业管理服务费、各种分摊费用等的收取感到不满，包括以下几种情形：

（1）认为物业管理费太高，物业服务企业提供的管理服务与收取的费用不符，或是认为物业服务企业只收费不服务，或是多收费少服务。

（2）各类公共能耗等费用的分摊不均或不合理等。

六、社区文化因素

主要是因物业区域内缺少文化气息、社区活动而引起的不满，包括以下几种情形：

（1）法定节假日没有环境布置，或者布置欠佳。

（2）没有社区公益活动，文化气氛不浓或没有等。

七、突发事件处理因素

突发事件虽然有"偶然性"和"突发性"，但因事件本身很重大，发生的后果比较严重，不仅会直接影响客户的正常工作与家居生活，而且还会给客户带来很大程度的麻烦或不便，所以容易产生比较强烈的投诉，如老人、小孩在小区公共区域受伤，电梯困人，停水停电，遭受意外的火灾，车辆丢失，私人物件被损等。

> **❓ 小提示**
>
> 突发性事件的投诉非常考验物业服务企业的应急处置能力，如果处理不及时或不当，会导致非常严重的后果。

八、相邻关系因素

客户与相邻客户之间的矛盾协调不成而转至物业服务企业引发的各类投诉，主要有以下几种情形：

（1）因设计局限而造成相邻之间防盗门的安装不当。

（2）因墙体的隔音差而影响相邻之间正常的休息。

（3）因装修时水管铺设不当引起卫生间、厨房及其他部位向下漏水而导致的相邻之间矛盾等。

📋 **知识拓展**

物业管理的三个投诉期及投诉原因

从时间上分析，可把物业管理投诉分为三个"投诉期"。

1.第一个投诉期——入伙半年内

这个时期容易引起投诉的原因是：

（1）客户才入住，对新小区有关政策不甚了解，总喜欢以过去或原小区的方法与习惯来认识、处理新小区遇到的问题，比如，住宅专项维修资金，在老住宅区往往没收取或收费较低。

（2）办理各种入住手续，取得有关证牌，收取相关费用等事宜，个别客户往往持质疑的态度，常见的有收取装修保证金、办理人员出入卡等。

（3）有些设施没有按期完工交付使用，甚至个别项目直接影响了客户的生活，例如，充电桩没有安装，煤气没有开通。

（4）入住初期工作量大、人员不足、经费有限、宣传不够、物业部门服务水平滞后。

2.第二个投诉期——入伙半年至两年内

这个时期，客户入住了一段时间，能静下心来琢磨自己所在的小区，喜欢寻找问题，易引起投诉。这时期内，有些设施仍在保修期内，开发商移交给物业管理公司后，由物业管理公司负责跟踪这些问题，如果开发商与物业管理部门，开发商与承包供货商有关问题协调不好，就会导致客户的投诉，如电梯运行不正常、下水道破裂、地板裂缝、房屋漏水等。

3.第三个投诉期——入住八年以上

这个时期，有些设备到了维修保养期，甚至有些建设时潜伏的质量问题也会暴露出来。这些设备设施维修、更新、翻修，都需要一定资金，有些则要从客户身上分摊，此时宣传解释工作做不好，客户不能理解，易产生投诉。例如，有些房屋天面产生裂缝、防盗大铁门锈损等。

第三节　投诉者心态分析

充分了解投诉者及其心态是物业服务企业处理投诉的关键所在，知己知彼，才能百战不殆。

一、投诉者的类别

1.职业投诉者

职业投诉者也称专业投诉者。这些人在获得物业服务前、中或后，始终不间断地以不同的理由进行投诉，希望通过这样的途径能直接或间接地获得经济上更多的收益或补偿以及超高的服务。这类投诉的内容往往是小问题，但投诉者总是试图夸大。对于这种类型的客户，物业服务企业是很容易识别的，只要看投诉者某种固定的投诉模式即可。

2.问题投诉者

在物业管理投诉项目中，绝大多数都属于这一类，客户面对已出现的问题或不满，往往不想小题大做，只想将问题或不满通过各种有效途径反映出来，并要求物业服务企业尽快给予处理、解决。问题或不满解决了，他们也就获得了满足感。

3.潜在投诉者

这类投诉者有合理的投诉事由，但出于某种原因并不想进行投诉，尽管有时也会向自己的亲戚朋友"诉苦"或不断地发牢骚、埋怨。此类型的投诉者只有在被"逼上梁山"时才会转为问题投诉者。

二、投诉者的心态

投诉者的心态可以分为图1-5所示的三种。

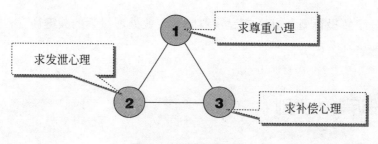

图1-5　投诉者的心态

1.求尊重心理

这主要是指那些有地位、有财富及自我感觉良好的客户。他们往往口气大、来势猛，一到物业服务企业，大吵大嚷，不是拍桌子，就是摔东西，盛气凌人。通过这一系列的语言及行为向物业服务企业提示：你要关注我、尊重我，要不折不扣地为我办事等。

2.求发泄心理

这种心态的客户，由于在工作上、交际上、家庭生活上受到了不同程度的委屈，造成了心理上的偏差或不平衡，想通过某件小事来寻找投诉点，发泄心中的郁闷或不快，从而满足心理上的安慰。

3.求补偿心理

"表里不一"是这种类型客户最好的心态表述。这种人来势往往不凶猛，来了以后并不单刀直入，而是甜言蜜语、夸这赞那，弄得物业管理人晕头转向，然后突然直截了当地反转话锋，正式切入主题，目的就是要获得经济上的补偿。

✖ 学习回顾

1.客户投诉有什么意义？

2.客户投诉有哪些原因？

3.投诉者有哪几种类型？

4.投诉者的心态有哪几种？

✎ 学习笔记

_____

_____

_____

_____

_____

_____

第二章 客户投诉的处理

⊙ **本章学习目标**

1. 掌握投诉处理的原则。
2. 熟悉投诉处理的流程。
3. 掌握投诉处理的策略。
4. 了解投诉处理的利用。

第一节 投诉处理的原则

投诉能指出物业服务企业服务过程中应改善的环节，使有意见的客户重新接受企业，这也是客户给予企业改善服务质量的机会，所以客户投诉并不可怕，关键是企业如何对待，如何处理。在处理投诉的过程中，物业服务企业首先要做的是掌握一定的投诉处理原则。

一、换位思考原则

物业服务企业在处理投诉的过程中，必须以维护企业利益为准则，学会换位思考；以尊重客户、理解客户为前提，用积极诚恳、严肃认真的态度，控制自己的情绪；以冷静、平和的心态先安抚客户的心情，改变客户的心态，然后再处理投诉内容。不能因为一个小小的失误导致投诉处理失败，从而引发马太效应，导致一系列的投诉事件发生。

二、有法可依原则

物业服务企业每天都要面对形形色色的投诉，如果不加以甄别，认为每件投诉都是有效的，那么管理水平再高的企业也要累得够呛。那样，一方面会让企业承担本企业不该承担的责任；另一方面还会让企业成为客户的申诉地，企业将会成为一锅大杂烩，从而出现工作权限不清、出力不讨好的情况。因此，在受理客户投诉时，在稳定客户情绪的同时，必须区分投诉事件是有效投诉还是无效投诉，以提高企业的工作效率。当然，这就要求物业服务企业的相关工作人员熟悉物业管理的相关法律法规，做到有法可依。

三、快速反应原则

投诉事件的发生具有偶发性，且客户大多是带着情绪而来，若处理不当，小则导致客户拍案大怒引起关联客户围观，影响企业品牌形象；大则导致客户向新闻媒体报料，给企业造成极大的负面影响。这种情况就要求物业服务企业必须快速、准确地识别客户的投诉是否有效，若有效，当场可以解决的必须予以解决，需要其他部门共同解决的，必须在沟通机制有效畅通的基础上给予解决；若现场无法解决的，可与客户协商约定投诉解决的具体时间、期限，并在规定期限内给予圆满解决。

❓ 小提示

面对重大的投诉问题，接待人员一定要在第一时间内向上级反映，第一责任人要亲自处理，同时，要正确把握好与新闻媒体的关系。

四、适度拒绝原则

在处理客户投诉时，若是职权范围内的有效投诉，物业服务企业应按照客户投诉处理服务体系的规定处理；若为无效投诉，如果时间、人力资源允许，物业服务企业可以协助解决，否则可以大胆拒绝，以免客户养成事事依靠物业服务企业的心理，给企业的日常管理带来诸多不便。

五、及时总结原则

投诉在很多时候都无法避免，若只满足于投诉处理过程的控制，而不注意事后的跟踪及投诉案例的分析、总结、培训，同类投诉事件仍会再次发生。如此周而复始，对物业服务企业失去耐心的客户将从侧面传播企业的负面信息，导致企业声誉、品牌受损。

古人云：吃一堑，长一智。今天的总结、改进、培训，一方面可以提高相关人员的技术水平；另一方面也可以减少投诉，为下一步工作打下良好的基础，并在此基础上提升客户满意度，增强企业竞争力，扩大企业品牌知名度。

第二节　投诉处理的流程

面对客户对物业服务的不满意，而提出的书面、口头上的异议、抗议、索赔和要求等一系列问题，物业服务企业应该有一套规范的处理流程。

投诉的常规处理程序，如图2-1所示。

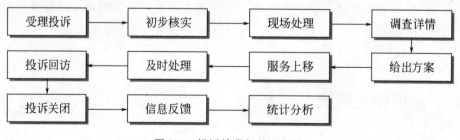

图2-1　投诉的常规处理程序

一、受理投诉

1.来访接待

对于客户的来访，接待流程与要求如下：

（1）客户服务中心及受理人员依照"客服中心来访接待流程"进行热情接待。

（2）受理人员在接待中与客户的距离应保持在1米左右，且态度诚恳，真诚地看着对方的眼睛，不要有不耐烦的表情出现，并耐心倾听客户投诉情况，不轻易打断客户说话，待其将情况说明后，再与其沟通。

（3）待客户讲完后，要进一步询问有关情况，并填写"客户投诉处理登记表"，如表2-1所示。

表2-1 客户投诉处理登记表

投诉人		投诉方式	电话□现场□其他□
住址及工作单位		联系电话/手机	
反映内容			
		接待人：	年 月 日 时间
处理反馈情况			
		责任人：	年 月 日 时间

（4）对于客户不清楚、不理解的问题，首先向客户说明实际情况，争取客户的谅解，以免造成误解。

▤ **知识拓展**

如何接待情绪激动的客户

情绪激动的客户是指在投诉过程中脾气相对急躁的客户。对待此类型的客户，受理人员要以包容的心态，认真对待他们的投诉。

（1）接待情绪较激动的客户时，受理人员要与对方的距离保持在1.5米左右，且态度诚恳，真诚地看着对方的眼睛，不要有愤怒的表情出现。

（2）耐心等待客户情绪缓和后，再与其沟通"先生／小姐您好，我们理解您的感受，请用理性的行为处理事情"。

（3）当向客户解释无效或是处理结果达不到客户满意时，或者接待3～5分钟，客户情绪仍很激动时，应立即将服务上移，并征询客户的意见，是否可以安排主任与其沟通。

（4）获得客户同意后，在客户面前联系客服主任或者其他同事："×主任，请速到××来，这里有客户需要您协助帮忙"，并告知对方"请您稍等一下，我们的主任马上过来"。

（5）在客服中心主任来到之后，主动向客户介绍："您好，这是我们的×主任。关于您的事情，请我的上级跟您沟通"。

2.来电接待

当受理人员通过电话与客户沟通时，因与客户相互看不到，就需要受理人员在接待过程中认真对待、积极倾听、及时反馈，以消除客户对物业工作的误解，重新与客户建立融洽、信任的关系。接待的流程与要求如下：

（1）电话铃响三声内接听，并使用规范的礼貌用语。

（2）接听电话时要声音温和、语气平和、普通话标准，并对照仪容镜检查自己的微笑，时时提醒自己不要被客户影响。同时，要以高度的热情感染电话另一端的客户，尽量取得客户的认可。

（3）受理人员在与客户沟通的过程中要耐心倾听客户的投诉情况，不轻易打断对方，待其将情况说明后，再与其沟通，并填写"客户投诉处理登记表"。

（4）对于客户不清楚、不理解的问题，首先向客户说明实际情况，争取客户的谅解，以免造成误解。

（5）与情绪不佳的客户打交道时，受理人员千万要避免与其争吵、争辩，不要让客户对物业服务企业或受理人员产生抵触，造成进一步的服务上移。

（6）对于因管理责任造成的投诉，首先向客户致歉，并表示尽快整改；对于超出自身范围且不知道如何处理的投诉，要向客户致歉，并征询客户意见，是否可以安排直接上级或相关人员与其沟通。

（7）获得客户同意后，将电话转交给客服中心主任。

（8）客服中心主任在沟通过程中，同样要按上述要求，给予客户合理的解答。

二、初步核实

在听完客户投诉后，将投诉的重点进行重新核实。受理人能够直接向客户解释的，要直接在现场处理；对超出受理人职责范围或因各种原因不能立即答复客户的投诉，则要与客户约定回复的时间。

三、现场处理

（1）对于因管理责任造成的投诉，受理人首先向客户致歉，并表示尽快整改，给客户一个明确的答复。

（2）如客户不满意，或超出受理人能力范围不能立即答复客户的，要向客户致歉，并征询客户意见，是否可以安排相关责任人与其沟通。

（3）获得客户同意后，在客户面前联系客服中心主任："×主任，请速到××来，这里有事需要您协助帮忙！"并告知对方："请您稍等一下，我们的×主任马上过来"。

（4）在客服中心主任来到之后，主动向客户介绍："这是我们的×主任，关于您的事情，请×主任跟您沟通。"

（5）客服中心主任与客户沟通后，现场能够处理的，应立即向客户作出解释说明，并提出整改意见。

（6）受理人员对投诉情况进行详细记录，在请客户现场签署满意意见后，关闭投诉。

（7）现场无法立即答复客户的，受理人进行记录，并与客户约定具体的回复时间（24小时内）。

（8）对于不能在24小时内及时、有效处理的，也应将进展情况通知客户。

（9）非本单位能力解决的投诉，受理人进行记录，表示会及时跟进，并及时向客户通报进展状况，以求得客户理解。

四、调查详情

受理人员、客服中心主任在接到客户投诉后，应根据投诉内容，责成相关部门的负责人展开进一步的调查。一切投诉事件，都应予以核实，掌握事情的全过程，以便为正确处理投诉事件作好铺垫。

（1）因管理责任造成的投诉，首先向客户致歉，并表示尽快整改；情节严重的，需采用上门或电话方式进行道歉。

（2）遇到特殊事件时，应先稳定事态，以免其扩大，然后立即向相关单位或部门反映。

五、给出方案

及时了解、掌握投诉者的心态、缘由、要求，经过分析，做出正确的判断，找到问题所在，给出合理的解决方案，并征询客户意见，注重专业高效。

（1）在接到客户投诉来访或来电以后，受理人员应将投诉问题的解决办法告知对方，并礼貌地征询对方意见。

（2）如果投诉内容超出受理人员工作权限及能力范围，应迅速通知相关负责人予以处理，并确定回复的时间。

（3）对于不能解决的投诉，应婉转地向客户讲清楚，以求得客户理解。

六、服务上移

（1）对于受理人无法解释、处理的投诉，需将投诉服务上移至相关负责人，相关负责人为服务上移第一受理人。

（2）相关负责人接到当班受理人员上移的投诉后，应本着积极、负责的工作态度，快速了解相关情况，及时与客户进行沟通，同时根据调查到的实际情况向客户提出解决方案，并征询客户意见。

（3）如果客户投诉的问题需要业委会或社会相关部门提供专业的支持或协助，客服中心负责人应及时与相关部门沟通，同时，对事态后续发展进行关注与跟进。

七、及时处理

及时处理是投诉处理流程的重要一环，要求受理人员以积极正面的态度，迅速处理。

（1）当与客户就投诉解决方案达成一致处理意见后，应在当日处理完毕，并在24小时内回复客户。

（2）如遇特殊情况，当天无法处理完毕的，应及时将情况反馈给客户，向客户明确处理完成的日期，并尽快完成。

（3）投诉的处理如需其他部门或人员配合时，相关部门及人员要给予积极的支持，不可出现拖拉或推诿现象，必要时可由客服中心主任进行协调。同时，相关部门应及时将工作进度或完成情况反馈给投诉受理人，以便受理人及时回复客户，以免客户因等待时间过长而产生不必要的误解。

八、投诉回访

（1）投诉处理完毕后，投诉最终受理人负责回访，客服主任负责跟踪投诉全过程。对非本单位能力解决的投诉，应继续跟进，并及时向客户通报进展状况。

（2）回访应就客户对投诉受理过程、处理措施、处理结果的意见进行咨询，回访的形式可以根据实际情况，以电话、上门访谈、网上回函和调查问卷等方式进行。

（3）回访得到客户认可后，应记录结果，填写表2-2所示的"投诉处理回访单"，然后可将投诉关闭。

表2-2　投诉处理回访单

投诉人姓名		联系方式		
投诉时间及内容：				
处理人、处理办法及处理结果：				
受访人对投诉处理的意见：				
回访人		回访日期		

（4）如在回访后，客户仍不满意，则应将情况重新上移至相关部门做进一步跟踪处理。

（5）如客户明确表示不方便接受回访，则以处理完毕后一周内客户无再次投诉作为投诉关闭的判断依据。

（6）图2-2所示的几种情况，无须回访。

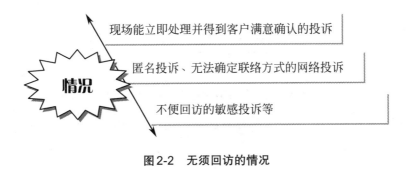

现场能立即处理并得到客户满意确认的投诉

匿名投诉、无法确定联络方式的网络投诉

不便回访的敏感投诉等

图2-2　无须回访的情况

? 小提示

如果客户因自身原因对回访或访谈非常不能接受，一定要记录清楚，以免再次回访或访谈造成投诉。

九、投诉关闭

（1）在投诉处理完成后，应对投诉的处理过程及结果进行详细记录并存档，相关要求如图2-3所示。

（2）对客户的投诉及处理情况进行每日记录、每月汇总，并填写表2-3所示的"客户投诉分类统计表"，上报给客服中心。

（3）对有参考价值的投诉案例进行分析整理，作为培训案例，可以丰富员工的知识面，提高员工的应变能力，避免同类事件再次发生，提高企业的服务质量。

要求一	客户投诉处理完毕后应将客户投诉档案统一永久保存，或输入工作软件中，定期备份保存
要求二	客服中心应指定专人收集投诉中涉及本部门的投诉，并进行统计分析，保存有关资料
要求三	重大投诉应单独立卷保存

图2-3 投诉信息存档的要求

表2-3 （ ）月客户投诉分类统计表

序号	日期	客户姓名	住址	联系电话	接待人	投诉内容	处理结果	投诉单编号

十、信息反馈

1.投诉信息发布要求

客服中心应对共性和涉及公共部位、公共利益、客户纠纷的投诉和处理情况每月公布一次（如无此类投诉，可不用例行公布），公布的形式可以是小区公布栏、社区刊物、业主恳谈会等，目的是使客户及时了解投诉处理进程，增加与客户沟通交流的机会。

投诉回复时限要求：客户当面、电话、口头投诉，应在当日内回复；书面或邮件投诉，应在2个工作日内回复。

2.投诉信息反馈要求

客服中心应对投诉信息的反馈做出明确规定，如表2-4所示。

表2-4 投诉信息反馈要求

序号	投诉分类	反馈要求
1	所有投诉	应进行汇总分析，并在规定日期前报公司品质部
2	重大投诉	应在1个工作日内报公司品质部和分管领导，处理完毕后应有详细的专题报告，包括投诉的内容，产生投诉的原因，处理过程和结果，经验教训和纠正措施（重大投诉指因物业服务工作失误导致的，要求赔偿金额1000元以上的投诉）
3	热点投诉	应在1周内报公司品质部和分管领导，包括投诉内容、投诉原因分析、目前处理情况的简要描述、投诉处理难点分析及需协助的事项。处理完毕后1周内将投诉的内容、产生的原因、处理情况、经验教训等形成专题案例报告，报公司品质部和分管领导（热点投诉指1个月内累计3次以上不同投诉人的相同投诉或3人以上的集体投诉）

十一、统计分析

1.客户投诉统计

客服中心应每月一次对产生的客户投诉进行统计。统计的内容包括对投诉产生的原因/性质的分析，投诉总件数、具体内容、采取的纠正措施（即拟采取的预防措施）及经验教训总结、投诉处理结果（是否关闭）等。

（1）统计的投诉应包含以各种途径受理的各种形式的投诉，如来访、来电、书信、电子邮件、网上论坛、报刊等形式的投诉，同时也包含上级公司、相关单位传递的与物业服务相关的投诉。

（2）所有受理的投诉，受理人都应予以完整记录，并由指定专人负责核实，确定是否需要统计分析。

（3）对于同一客户提出的不同投诉，应在对应的投诉类型中分别统计。

（4）多次多人对同一事件的投诉，按一件投诉统计，但应在投诉内容中具体说明投诉人数、次数及影响程度。

（5）对于网上投诉的统计，应按投诉内容区分。多次多人对同一事件投诉或跟帖的，按一件投诉统计，但应具体说明跟帖的反应热度及网下影响程度，对于跟帖中出现的新投诉应另行统计。

（6）所有投诉均应按其产生的最终原因进行分类统计，而不应根据客户投诉时所描述的表象进行分类（除分类定义指定外）。

（7）投诉是否关闭，以回访时客户对投诉处理结果是否满意为判断依据；对于无须回访的投诉，以处理完毕后一周内无再次投诉作为投诉关闭的判断依据。

2.客户投诉的分析方法

投诉分析的内容应包括对投诉总量、投诉类型、投诉趋势等的比较和分析，针对性的纠正措施，重点投诉、代表性投诉个案的深度剖析等。同时应深层次挖掘投诉产生与项目定位、客户群体、服务标准、收费标准、资源成本等方面的关系，为今后同性质项目的物业管理服务提供参考依据。具体分析要素如下：

（1）投诉总体分析。投诉总数及发展趋势分析（各时间段的纵向比较）、各月份投诉量的分析及产生原因。如，投诉与新业主入住或新员工培训不到位等因素有关。

各专业投诉总数及相应的业务强弱项分析，可以找出工作中的不足之处，并采取措施避免类似投诉发生（着重从中挖掘客户关注的业务，并进行横向比较分析）。

（2）投诉重点分析。对投诉比较多的业务进行原因分析，具体可参照影响服务过程、质量的人、机、料、法、环五大因素，如表2-5所示。

表2-5 客户投诉分析的重点

序号	因素	说明
1	人	由于物业服务人员的因素影响服务质量而引起的投诉，具体分为： （1）服务态度，即职业道德、敬业精神、服务礼仪、服务心态等 （2）服务规范，即是否严格按照公司有关规定、流程、标准、时限提供服务 （3）服务技能，即是否拥有岗位所需的基本技能、专业知识和服务技巧等
2	机	由于物业服务设施的因素影响服务质量而引起的投诉，具体分为： （1）外观完好性，即服务设施外观是否完好，包括外观整洁、没有破损、没有安全隐患、配件与说明书齐全等 （2）质量合格性，即服务设施的质量是否合格，是否经常失效等 （3）功能适用性，即服务设施的功能是否适用，其设置是否充分发挥了功效，达到了预期的管理服务目的
3	料	由于物业服务过程中使用的物料（主要是低值易耗品、标志等）或提供的信息等因素影响服务质量而引起的投诉，具体分为：耐用性、经济性、准确性
4	法	由于物业服务过程规范、流程、标准、管理方法、服务方式等因素影响服务质量而引起的投诉
5	环	由于物业服务提供所处的外部环境因素影响服务质量而引起的投诉

（3）投诉个案分析。主要针对具有代表性和影响面大的投诉，分析包括投诉要点及突出反映的问题、产生投诉的原因、处理过程和结果、事件恶化的原因、经验教训和纠正措施等。

（4）投诉情况总结及建议。对投诉的处理措施、建议也要进行分析，以便从中找出一些有效的方法。

知识拓展

处理客户投诉时的经典话术

一、感同身受

1.我能理解。

2.我非常理解您的心情。

3.我理解您为什么会生气，换成是我也会有跟您一样的感受。

4.请您不要着急，我非常理解您的心情，我们一定会竭尽全力为您解决的。

5.如果我碰到您这么多的麻烦，也会是您现在这样的心情。

6.发生这样的事，给您带来不便了，不过我们应该积极面对才是，对吗？

7.没错，如果我碰到您这么多的麻烦，我也会感到很委屈的。

8.我非常理解您的心情，请放心，我们一定会查证清楚，给您一个满意的答复。

9.我真的很能理解，请放心，我们一定查证清楚，然后给您回复。

10.听得出来您很着急。

11.感觉到您有些担心。

12.我能体会您到很生气，让我来给您提供其他的建议，您看好吗？

13.我能感受到您的失望，我可以帮助您的是……

14.我能感受得到，××情况、业务给您带来了不必要的麻烦。

15.如果是我，我也会很着急的……

16.是挺让人生气的……

17.您好，给您带来这么多的麻烦实在是非常抱歉，如果我是您的话，我也会很生气的，请您先消消气，给我几分钟时间为您说一下原因可以吗?

18. 您说得很对,我也有同感。

19. 给您造成的不便非常抱歉,我们的心情跟您一样。

20. 您的心情我可以理解,我马上为您处理。

21. 没错,如果我碰到您这样的麻烦,相信也会有您现在这样的心情。

二、被重视

1. ×先生,您都是我们××年业主了。

2. 您都是长期支持我们的老业主了。

3. 您对我们业务这么熟悉,肯定是我们的老业主了,不好意思,我们出现这样的失误,太抱歉了。

4. ×先生/小姐,很抱歉之前的服务让您有不好的感受,我们对业主的意见是非常重视的,我们会将您说的情况尽快反映给相关部门去改进。

三、用"我"代替"您"

1. 您把我搞糊涂了——(换成)我不太明白,能否再重复下您的问题。

2. 您搞错了——(换成)我觉得可能是我们的沟通存在误会。

3. 我已经说得很清楚了——(换成)可能是我未解释清楚,令您误解了。

4. 您听明白了吗?——(换成)请问我的解释您清楚吗?

5. 啊,您说什么?——(换成)对不起,我没有听明白,请您再说一遍好吗?

6. 您需要……——(换成)我建议……/您看是不是可以这样……

四、站在业主角度说话

1. 这样做主要是为了保护您的利益。

2. 如果谁都可以帮您办理这么重要的业务,那您的利益是很没有保障的。

3.我知道您一定会谅解的，这样做就是为了保障像您一样对我们有着重要意义的业主的权益。

五、让业主放心

1.非常感谢您这么好的建议，我们会向上反映，因为有了您的建议，我们才会不断进步。

2.（业主不满意但不追究时）谢谢您的理解和支持，我们将不断改进服务，让您满意。

3.先生，您都是我们的老业主了，我们当然不能辜负您的信任……

4.这次给您添麻烦了，其实，我们也挺不好意思，您所说的情况我们将记录下来，并反馈给相关部门，会尽可能避免问题的再次出现……

5.非常感谢您对我们的关心和支持，我们会尽快完善。

6.非常感谢您向我们提供这方面的信息，这会让我们的服务做得更好。

7.这次问题解决后，您尽管放心使用。

8.感谢您对我们工作的支持，希望您以后能一如既往地支持我们。

9.感谢您对我们服务的监督，这将让我们做得更好。

10.感谢您对我们的支持，您反馈的建议，将成为我们日后改进工作的重要参考内容。

11.谢谢您对我们反映这些，我们会加强工作的培训，也欢迎您对我们工作随时进行监督。

12.谢谢您的反映，该问题一向是我们非常重视的问题，目前除了××可以受理外，我们还提供了其他渠道，如果有更好的建议，也希望您可以提供给我们。

13.针对您刚才所反映的情况，我们会不断地去改善，希望能给您带来更好的服务。

14.让您产生这样的疑惑，也让您生气了，实在抱歉。

15.非常感谢您提供给我们的宝贵建议，有您这样的业主是我们的荣幸。

六、拒绝的艺术

1.×小姐，我很能理解您的想法，但非常抱歉，您的具体要求我们暂时无法满足，我会先把您遇到的情况反馈给相关部门，查证后再与您联络好吗？

2.您说的这些，确实是有一定的道理，如果我们能帮您一定会尽力，不能帮您的地方，也请您谅解。

3.尽管我们目前暂时无法立刻去处理或解决这件事情，但我可以做到的是……

4.感谢您的支持！请您留意以后的通知。

5.×先生/小姐，感谢您对我公司××活动的关注，目前我们还没有收到最新的通知，请您迟点再咨询我们。

6.非常感谢您的关注，现在暂时没有开展，请您稍后留意。

7.×先生/小姐，非常感谢您的反馈，我们会尽最大的努力改进这方面的问题，也希望您能一如既往地支持和监督我们的工作，谢谢！

8.×小姐，您的心情我能够理解，那您希望我们怎样帮您解决呢？

9.×先生，您是我们的业主，尽量让您满意，是我们的工作要求。但不好意思，您说的这些，确实是有一定的道理，如果我们能帮您，一定尽力，不能帮您的地方，也请您谅解。

七、缩短通话

1.您好，为了方便您了解（记忆），我现在将该内容通过短信（邮件）发给您，请您留意查询。

2.因涉及的内容较多，具体内容我会通过邮件方式发给您详细了解，好吗？

八、如何让客户"等"

1.不好意思，耽误您的时间了。

2.等待之前先提醒："×先生/小姐，请您稍等片刻，我马上为您查询。"

3.等待结束恢复通话："×先生/小姐，谢谢您的等待，已经帮您查询到……/现在帮您查询到的结果是……"

4.请您稍等片刻，马上就好。

5.由于查询数据需要一些时间，不好意思要耽误（您）一点时间。

6.感谢您耐心等候。

九、记录内容

1.请问您方便提供具体情况吗（发生的详细地址、时间、现象等）？我们给您记录，以便我们尽快查询处理，感谢您的配合。

2.谢谢您向我们提供的宝贵意见，我们会将该意见记录并向有关部门反映。

3.我非常希望能够帮助您，针对这件事，我们一定会有专人尽快帮您处理，请您放心。

4.×先生您好！×××现在是在普及阶段，正因为有您的使用，我们才知道新活动推出以后的不足，非常感谢您把这不足之处及时反馈给我们。

5.这可能是我们工作人员的失误，我们会马上反馈您这个问题，请放心，我们会给您一个满意的处理结果。

6.×先生/小姐，您的提议我很认同，我会记录下来，希望能够尽快实施，敬请留意！非常感谢您的宝贵意见。

7.非常抱歉，给您造成了不便，请您稍等，我们马上核实一下，好吗？如确实有故障，跟客户解释："谢谢您跟我们反映这些情况，我们会马上上报并处理，请您稍候，好吗？"

8.非常抱歉，给您造成了不便，出现此情况肯定是某个环节出现了问题，您可以放心，如果是我们的问题，我们一定会负责到底，给您一个说法。

十、其他

1.如果您对我的解释不满意，可以提出您的建议，以便我以后改善（与客户陷入僵局时）。

2.您好，您的彩铃很动听/特别/不错/有个性等（需要外呼时）。

3.您的满意是我们的追求，祝您有个阳光般的好心情（当我们解决了客户的问题，他表示感谢的时候）。

4."请输入您的密码验证，请关注页面提示"，把"关注页面提示"放在后面可起提示作用。

5.请您放心，您的物业费我已帮您查询过，没有问题！

6.请您放心，您反映的问题已为您记录。

7.别着急，请您慢慢讲，我会尽力帮助您的。

8.感谢您的批评指正，我们将及时改进，不断提高服务水平。

9.谢谢，这是我们应该做的。

10.我们会将您反映的问题与相关部门联系，请您留下联系电话，我们将在×小时内给您答复。

11.也许我说得不够清楚，请允许我再解释一遍。

12.请问您具体遇到了什么麻烦，您放心，我们一定会尽力帮您。

13.请告诉我们您的想法，我们很乐意聆听您的意见。

14.×先生/小姐，非常感谢您把您遇到的麻烦及时告诉我们。

15.您是我们非常好的业主，我们会第一时间帮助到您！

十一、结束语

1.祝您中大奖！

2.当客户说他在开车时，结束语：路上要注意安全。

3.祝您生意兴隆！

4.希望下次有机会再为您服务！

5.请路上小心。

6.祝您一路顺风。

7.天气转凉了，记得加衣保暖。

8.今天下雨，出门请记得带伞。

9.祝您周末愉快！

10.祝您工作愉快！

11.祝您生活愉快！

第三节 投诉处理的策略

每一位投诉受理人都有自己独特的处理投诉的方法和技巧，不同的方法和技巧适用于不同的客户与场合。作为一名优秀的物业管理人员，只有了解、掌握并灵活运用多种消除异议的技巧，才能在处理客户投诉的过程中得心应手。

一、耐心倾听，不与争辩

物业管理人员一定要以平静、关切的心态来认真、耐心听取客户的投诉，让客户将投诉的问题表述完整。在倾听的同时，要用"是""对""的确""确实如此"等语言，以及点头的方式表示自己的同情。不要打断客户说话，因为中途打断，就会使客户形成以下印象：

（1）客户的投诉是明显错误的。

（2）客户的投诉是微不足道的。

（3）没有必要听客户说话。

打断客户说话，会使客户认为其没有得到应有的尊重。

与此同时，物业管理人员还可以通过委婉的方式不断提问，及时弄清投诉的根源所在。对那些客户失实、偏激或误解的投诉，物业管理人员千万不要流露出任何不满、嘲弄的情绪，要对客户的心情表示理解，争取最大限度地与客户产生感情上的交流，使客户感受到物业管理人员虚心诚恳的态度。

物业管理人员千万不能钻"牛角尖"，或做任何敌对性、辩解性的反驳。因为，客户前来投诉，是对物业服务企业某些方面的服务、管理有了不满或意见，心里有怨气，此时若一味解释或反驳，客户会认为物业管理人员不尊重其意见，反而加剧对立情绪，甚至产生冲突。

二、详细记录，抚慰心情

物业管理人员在仔细倾听客户投诉的同时，还要认真做好投诉记录，尽可能写得详细点、具体点，内容应包括：投诉的时间、地点，投诉者姓名、联系电话（含手机、家庭电话、单位电话、应急联络电话等）、居住地，被投诉者姓名、部门，投诉事项，投诉的要求与目的，接受或处理人等。

做好记录，不仅可以使客户讲话的速度由快转慢，缓解其激动而不平的心情，还是一种安慰客户的方式。

三、复述问题，加强沟通

当听完以及记录完客户的投诉之后，物业服务企业应对客户投诉的内容以及要求解决的项目复述一遍，看看是否搞清楚了客户所投诉的问题，以便进一步处理解决。此时可以说：

"××先生、小姐／女士，您是说……是吗？"

"××先生、小姐／女士，您认为……对吗？"

"××先生、小姐/女士，您所投诉的问题是不是这样……"

提问式的投诉内容复述，会让客户给出肯定或否定的回答。有时候，客户听完物业客服人员的复述后，会说："是的，是的，就是这样"或"对，对对，我就是这个意思"。当客户的投诉内容表达不清楚，或对客服人员的复述没有真正理解时，也会说："不，不是这个意思，我是说……"等。

物业管理人员要对客户的遭遇或不幸表示歉意、理解或同情，让客户的心态得以平衡。此时可以说：

"谢谢您告诉我这件事情！"

"这件事情发生在您身上，我表示非常抱歉/难过！"

"是的，是的，我完全理解您现在的心情"。

"如果我遇到这件事，也会这样的。"。

如果客户在投诉中大叫大嚷，手拍桌子，脚踢凳子，物业管理人员则应上前主动对其表示关怀，并说一些体贴入微的话，如：

"不好意思，请您消消气，不要这样。"

"请您不要生气，这样会伤了您的手/脚/身体。"

物业管理人员要有"角色转换""将心比心"的心态，转换一下位置，设身处地地从客户的角度看待其所遭遇到的麻烦和不幸，最大限度地拉近与客户的心理距离。正如一位很有经验的公关专家所述的那样：在与客户的接触中，应该表示自己很能理解客户的心情，尤其是在客户生气、发怒时，更应该说一些为客户着想的话。这种与客户心理上的沟通往往会使双方的关系发生微妙的变化，可以让双方从敌对转向合作，从僵硬转向融洽，从互不让步转向相互让步，如此才有利于问题的解决。

物业管理人员要尽可能地投其所好，找出共鸣点，这样就更能接近投诉者，与之达到心与心的交流与沟通，正所谓"不打不相识"。同时，在交流过程中要富有幽默感，因为在人与人之间的交往中，幽默往往具有一种奇妙的力量，它是一种润滑剂，可以使原来的紧张变得平和、顺利和自然，起到"化干戈为玉帛"的作用。

四、确定类别，加以判断

对于客户投诉的问题，物业管理人员应先确定投诉的类别，再判定该投诉是否合理。

（1）如属不合理的投诉，物业管理人员应该迅速答复客户，婉转说明理由或情况，真诚求得客户的谅解。同时要注意，对客户的不合理投诉只要解释清楚就可以了，不要过多纠缠。

（2）如属合理有效的投诉，物业管理人员一定要站在图2-4所示的立场提出解决意见，满足客户的合理要求。

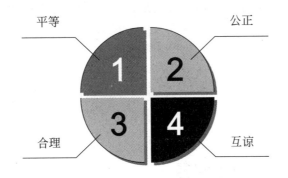

图2-4　物业管理人员处理投诉的立场

物业管理人员在着手处理投诉问题时，注意要紧扣投诉的问题点，不要随意引申。要充分估计解决问题所需要的时间，最好能告诉客户确切的解决时间。如果没有把握的话也没关系，只要向客户说明情况，相信客户也会通情达理的。

五、立即行动，尽快处理

物业管理人员受理客户的投诉后，要立即采取措施，尽快处理。拖延是产生新投诉的根源。及时处理才是赢得客户信赖的最好方式。

同时，还要特别注重投诉处理的质量，这直接关系到物业服务企业的声誉与形象，弄不好还会将好事变成坏事，使客户失去对物业服务企业的信任，最终导致"大意失荆州"的惨局。

六、注重时效，及时反馈

投诉处理完毕后，物业管理人员要把投诉处理的结果以走访、电话、信函等方式直接反馈给客户，这是物业管理投诉工作的重要环节。倘若失去这一环节，物业管理人员所做的一切努力与辛苦将付诸东流。

客户口头投诉可以用电话形式回复，一般不应超过一个工作日；客户来函投诉则应以回函形式给予答复，一般不应超过三个工作日，特殊情况下不得超过一周。

回复客户可以表明客户的投诉已得到重视，并已妥善处理。从另外一个角度说，及时的回复可显示物业服务企业的工作时效。

七、表示感谢，改进服务

客户能向物业服务企业投诉，表明客户对物业服务企业还持信任态度。物业服务企业要有"闻过则喜"的度量，应对客户的信任表示感谢，并把客户的投诉加以整理分类。同时要从另外一个角度检讨、反思企业的各项工作，以便更好地完善和改进管理及服务工作。

> **❓ 小提示**
>
> 物业管理人员处理完物业投诉后，最好给每一位投诉的客户发放一份"感谢函"，感谢他们的投诉，感谢他们的信任与支持。

知识拓展

客户投诉的处理技巧

处理问题的过程最关键。处理客户投诉与抱怨是一复杂的系统工程，尤其需要经验和技巧的支持，妥善处理好此类事情，绝不是一件易事，如何才能处理好客户的抱怨与投诉呢？

技巧一：倾听是解决问题的前提

在倾听客户投诉的时候，不但要听他表达的内容，还要注意他的语调与音量，这有助于了解客户的内在情绪。同时，要通过解释与澄清，确保真正了解客户的问题。

认真倾听客户，向客户复述我们对投诉内容的理解，可向客户表明了我们的真诚和尊重。同时，这也给客户提供了一个重申真正表达意图的机会。

技巧二：认同客户的感受

客户在投诉时会表现出烦恼、失望、泄气、愤怒等各种情感，我们不应当把这些表现理解成是对我们个人的不满。特别是当客户发怒时，我们可能会想：我的态度这么好，凭什么对我发火？要知道，愤怒的情感通常都会通过一个载体来发泄。我们一脚踩在石头上，会对石头发火，飞起一脚踢远它，尽管这不是石头的错。因此，客户仅仅是把我们当成了发泄对象而已。

客户的投诉是完全有理由的，理应得到极大的重视和最迅速、合理的解决。所以我们要让客户知道我们非常理解他的心情，关心他的问题。

无论客户是对还是错，至少在客户的世界里，他的情绪与要求是真实的，我们只有与客户的世界同步，才有可能真正了解他的问题，找到最合适的方式与他交流，从而为成功处理投诉奠定基础。

技巧三：引导客户情绪

我们有时候在说道歉时会感到不舒服，因为，这似乎是在承认自己有错。其实，"对不起"或"很抱歉"并不一定表明我们或公司犯了错，而是对客户不愉快的经历表示遗憾与同情。不用担心客户在得到我们的认可后会越发强硬，认同只会将客户的思维引向解决方案。同时，我们也可以运用一些方法来引导客户的情绪，化解客户的愤怒。

（1）"何时"法提问

一个在气头上的发怒者无法进入"解决问题"的状态，我们首先要做的是逐渐使对方的火气减下来。对于那些非常难听的抱怨，应当用一些"何时"问题来冲淡其中的负面成分。

客户："你们根本是瞎胡搞，不负责任才导致了今天的烂摊子！"

客服人员："您什么时候开始觉得我们没能及时替您解决这个问题？"

而不当的反应，如同这样的回答："我们怎么瞎胡搞了？这个烂摊子跟我们有什么关系？"

（2）转移话题

当对方按照他的思路发火、指责时，我们可以抓住一些有关内容扭转方向，缓和气氛。

客户："你们这么做，把我的日子彻底搅了，你们的日子当然好过了，可我还上有老下有小啊！"

客服人员："我理解您，您的孩子多大啦？"

客户："嗯……6岁半。"

（3）间隙转折

暂时停止对话，找有决定权的人做一些决定或变通。

"稍候，让我来和高层领导请示一下，看我们还可以怎样来解决这个问题。"

（4）给定限制

有时我们虽然做了很多尝试，对方依然出言不逊，甚至不尊重我们的人格，我们可以转而采用较为坚定的态度给对方一定限制。

"×先生，我非常想帮助您。但您的情绪如果一直这样激动，我只能和您另外约时间了，您看呢？"

技巧四：表示愿意提供帮助

"让我看一下该如何帮助您，我很愿意为您解决问题。"正如前面所说，当客户关注问题的解决时，客服人员应体贴地表示乐于提供帮助，这自然会让客户感到安全、有保障，从而进一步消除对立情绪，形成依赖感。

技巧五：提供解决方案

针对客户投诉，每个公司都应有各种预案或解决方案。客服人员在提供解决方案时要注意以下几点：

（1）为客户提供选择

通常，一个问题的解决方案都不是唯一的，给客户提供选择机会会让客户感受到尊重。同时，客户选择的解决方案，在实施的时候也会得到客户更多的认可和配合。

（2）真诚地向客户承诺

有些问题比较复杂或特殊，客服人员不确信该如何为客户解决。如果我们不确信，要诚实地告诉客户，我们会尽力寻找解决的方法，但需要一点时间，然后约定给客户回复的时间。我们一定要确保准时给客户回复，即使到时仍不能解决问题，也要向客户说明事情的进展，并再次约定答复时间。我们的诚实会更容易得到客户的尊重。

（3）适当地给客户一些补偿

为弥补公司操作中的一些失误，可以在解决问题时，给客户一些额外的补偿。很多企业都会给客服人员授权，灵活处理此类问题。但要注意的是，将问题解决后，一定要改进工作，以免今后发生类似的问题。

第四节 投诉处理的利用

客户投诉是连接客户和企业的一条纽带，是一条很重要的信息通道。物业服务企业可以通过投诉问题分析来改进企业的质量管理体系，并作为市场调查数据加以充分利用，挖掘客户的潜在需求。

一、投诉的价值

对于物业服务企业来说，当客户的投诉得到满意的解决时，他们一般会继续拥护与支持企业的各项工作，并会向邻居讲述自己的投诉是怎样解决的。

但是，那些投诉未得到处理的客户呢？他们大多会不断抱怨，心怀怨恨，也有可能向邻居们讲述自己遭受的恶劣服务。

由此可见，投诉对以服务为中心的物业服务企业非常重要。客户的投诉过程能暴露出企业服务中的弱点和亟待改进的方面，还能为企业提供与客户进一步交流的机会。

二、方便客户投诉

为了方便客户投诉，物业服务企业可采取图2-5所示的方式。

三、投诉的答复

客户希望自己的投诉能够得到迅速、积极的答复。答复的方式是打电话还是写信，取决于投诉的性质。物业服务企业不仅要解决问题，还应利用时机让客户确信，物业服务企业将致力于提供最高标准的服务。

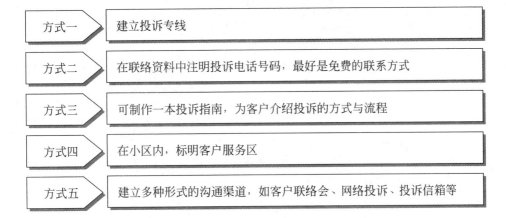

图2-5　方便客户投诉的方式

四、投诉的利用

　　有效的投诉解决程序固然重要，但还应该把客户投诉当作一种能使物业服务企业改进服务质量和服务流程的机会。企业要充分利用客户投诉，建立记录、分析程序，并采取积极的行动。

　　（1）确保所有投诉都有记录。

　　（2）评估投诉的严重性，确定是否有必要采取补救措施。

　　（3）观察不同类型投诉的频率，据此确定补救措施的先后顺序。

　　（4）采取补救措施后，要监督服务流程的效果。

学习回顾

　　1.处理客户投诉的原则是什么？

　　2.处理客户投诉的流程是什么？

　　3.处理客户投诉的策略有哪些？

　　4.投诉的价值体现在哪里？

✎ 学习笔记

_____

_____

_____

_____

_____

_____

第三章　客户投诉的防范

1. 了解客户投诉处理机制。
2. 掌握提升服务质量的方式。
3. 掌握降低投诉率的途径。

第一节　建立客户投诉处理机制

就企业的客户投诉处理来说，建立客户投诉处理机制，有利于企业加强对客户投诉处理的管理，提高服务水平，树立品牌形象，提高客户对企业的满意度和忠诚度。

一、建立客户投诉处理机制的必要性

接到客户的直接投诉时，当投诉者气愤地说："投诉多少次了，你们就是没有结果"。如果我们回复"您是什么时候，对谁投诉的。"必然会导致客户与物业服务企业乃至开发商关系紧张，投诉升级。

因此，物业服务企业有必要建立客户投诉处理机制，确立"谁受理、谁跟进、谁回复"的处理原则，同时还要有明确的、量化的服务质量标准，严格的考核标准和执行制度。

二、成立投诉处理组织机构

物业服务企业处理投诉时一般都采取首问责任制。无论客户是哪方面的投诉，只要通过客户服务中心投诉，第一位接待投诉的人员必须受理投诉，然后根据内部职责分工，落实到相关单位或部门；相关单位或部门处理完毕后，将投诉案件转回给首问责任人，再由其反馈给投诉客户。首问责任人必须跟踪整个投诉案件的处理过程，保持与投诉客户的沟通，随时接受询问。

1.物业管理投诉处理组织机构的权限

（1）受理权。

（2）调查取证权。

（3）人员借用权。

（4）统筹处理权。

（5）督办权。

（6）处罚建议权。

2.物业管理投诉处理流程

物业管理投诉处理流程，如图3-1所示。

三、制定投诉处理制度

任何一家企业在为客户服务的过程当中，总是无法避免地遇到一些客户抱怨和投诉的事件，即使是最优秀的企业也不可能保证永远不发生失误或不引起客户投诉。因而，物业服务企业有必要制定并完善物业管理投诉处理制度。

下面提供一份某物业管理公司投诉处理制度的范本，仅供参考。

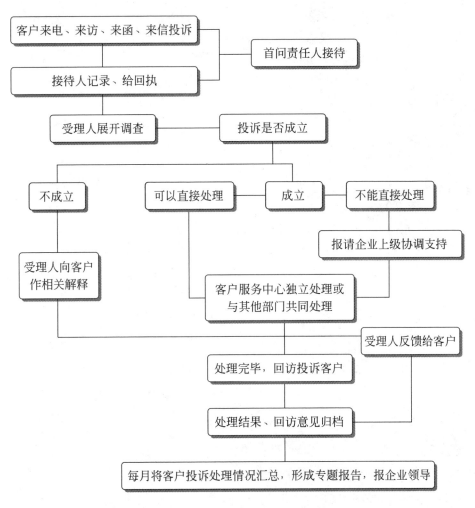

图3-1 物业管理投诉处理流程

范本

物业管理公司投诉处理办法

第一章 总则

第一条 为规范投诉处理的程序和流程，确保投诉处理的及时率，保证为投诉人提供优质、高效的物业服务，根据相关制度，特制订本办法。

第二条 ××市××物业管理有限公司所管辖物业范围内的投诉处理工作，均适用于本考核办法。

第三条 服务中心主要负责投诉的受理、处理、回访以及汇总统计工作。每月25日将投诉汇总报表报送督导室。

第四条 督导室负责监督投诉的处理，并检查投诉的处理情况和处理结果。

第二章 投诉的受理与接待

第五条 服务中心调度员或主管在接待来访投诉人时，应当热情、大方。对于未按"住户接待语言行为规范"的要求使用文明服务用语的，扣罚当事人30元；引起投诉人投诉的，扣罚当事人50～200元。

第六条 调度员未按规定记录投诉项目（包括投诉人、投诉时间、投诉事项、联系方式以及接单人等内容）的，扣罚当事人50元；导致投诉处理不及时或不准确的，扣罚当事人100～200元。

第七条 调度员或主管在接听投诉人来电时，应使用规范用语，对于投诉人提出的简单问题，应做好详细解答。未按规定用语和标准接听电话的，扣罚当事人30元；解释工作不到位，引起投诉人误解或曲解，影响物业公司信誉的，扣罚当事人50～100元。

第三章 投诉的处理与回访

第八条 调度员在接到投诉人投诉后，无论是有效投诉还是无效投诉，均应在首报五分钟内将相关投诉反馈至相关部门的相关人员。对于无效投诉，经证实后，调度员应对投诉人做好详细的解释工作。对某项投诉置之不理或不处理的，扣罚当事人50元；引起投诉人再次投诉的，扣罚当事人100元。

第九条 对于紧急投诉，调度员未在3分钟内反馈处理和上报的，扣罚当事人100元；引起严重后果的，对当事人处以200元以上的罚款。对于其他投诉，调度员未在12小时内处理和反馈的，扣罚当事人100元；导致投诉问题积压，影响投诉处理及时率，引起投诉人再次投诉的，扣罚当事人200元。

第十条 调度员或主管安排人员处理投诉时，应当科学、合理，并将投诉事项详细告知投诉处理人。调度不合理或者交代不清的，扣罚当事人50元；而导致投诉问题不能得到及时解决的，扣罚当事人100元。

第十一条 投诉处理人在接到调度员安排后，无论是否合理，均应服从，并及时有效地完成投诉处理工作。对于不服从调度员安排，态度恶劣的，扣罚当事人200元。

第十二条 投诉处理人应在接单后12小时内完成投诉的处理。对于未完成的，应将处理情况和进度反馈至调度中心。如与投诉人约定了处理时间且合理的，以约定时间为准，但应有书面证明。对于未在规定时间内完成或反馈的，扣罚当事人50元。

第十三条 投诉处理人如果在规定时间内未完成投诉的处理，应按照规定逐级上报，同时要对投诉人做好安抚和解释工作。对于投诉首报24小时之内还未完成且不上报的，或对投诉人未做好安抚和解释工作的，扣罚当事人50元；引起投诉人强烈投诉的，扣罚当事人100元。

第十四条 处理投诉所采取的方式和方法应当合理、合法，解释工作应当到位。如果处理投诉采取的方式不合理、合法，或解释工作不到位，扣罚当事人100元；引起投诉人强烈投诉的，扣罚当事人200元，扣罚部门经理100元，扣罚主管领导100元。引发严重后果的，应作专题报告处理。

第十五条 公司在全员范围内推行投诉处理"首问责任制"。对于接到投诉的第一人，不管是否为投诉处理人，都应当积极接待，并反馈至相关部门，跟进投诉处理情况和结果，及时告知投诉人。对于未按规定跟进投诉，对投诉问题推诿，未及时反馈相关人员或部门，导致投诉处理工作没有落实的，扣罚当事人100元。

第十六条 投诉处理完毕后，投诉处理人应在12小时以内将处理结果反馈至调度中心。对于未及时反馈，导致投诉汇总工作出现漏报和不及时的，扣罚当事人50元。

第十七条 调度中心根据反馈的信息，对已经完成的投诉，应在一周内进行电话回访。对于重大投诉，应安排相应的物业助理进行上门回访，回访应当有书面的记录或回执。未在规定时间内完成电话回访的，扣罚当事人30元；重大投诉回访未在规定时间内完成，或无书面记录、回执的，扣罚当事人50元。

第四章 投诉处理的监督和检查

第十八条 服务中心于每月25日将投诉汇总报表报送督导室，发现有漏报、错报和不报的，扣罚服务中心主任200元、服务中心主管领导100元。督导室必须至少2次/月对投诉的处理情况进行抽查，未按规定时间抽查的，扣罚督导室主任200元。

第十九条 各部门负责人应对归属本部门的投诉处理情况进行抽查。对于不能及时处理，投诉处理率未达到100%的，扣罚相关责任人300元。

第二十条 以上的违规行为，如果连续发生两次，则给予当事人和部门领导加倍处罚；如果连续发生三次，对当事人给予离职处理。

第五章 附则

第二十一条 以上扣罚均从责任人当月的奖金中执行，直至扣完为止。

第二十二条 本办法由××市××物业管理有限公司服务中心负责解释。

第二十三条 本办法自下发之日起施行。

第二节 提升服务质量

物业服务企业的服务质量需要客户的认同。客户满意度直接影响了物业服务企业的形象，同时也是减少纠纷、预防投诉的决定因素。

一、加强服务培训

物业管理属于服务性行业，其提供的商品是无形的"服务"。基于这一点，就要求物业服务企业的各项管理工作都要以为客户提供满意的服务为宗旨，并从点滴做起，改善服务质量，使每一点改善都能带给客户更大的方便与满意。对此，物业服务企业可从图3-2所示的两个方面来加强员工的培训。

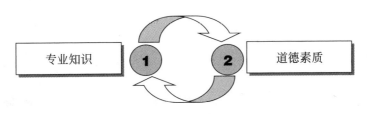

图3-2 员工培训的内容

1.专业知识培训

加强员工的专业知识培训，可以不断提高员工自身的综合素质。优秀的员工是提升物业服务品质的保障，他们能够做好客户的投诉处理工作，把客户的投诉作为资源，帮助物业服务企业改进和完善物业服务质量。

2.道德素质培训

物业管理不同于其他行业，有时它对员工道德素质的要求要高于专业素质。所以在对员工进行专业技能培训的同时，更应该注重个人道德素质方面的培训。

对每一位员工进行道德素质培训，培养员工的沟通与协作能力，提高员工的亲和力，是做好物业管理的一大优势。要让每一个物业管理人员都能和客户建立良好的关系，在日常工作中积极热情地为每一位客户服务。而且要学会感谢客户提出的意见，把其当作改正和进步的机会，使客户最终理解、信赖企业。

> **❓ 小提示**
>
> 加强员工培训，不仅要培养员工使用规范用语、进行规范操作的能力，还要提升员工的服务技巧和应变能力，更要强化员工的服务意识和职业道德意识。

二、树立服务理念

物业服务企业应当将把管理与服务理念进行有效融合，寓管理于服务，切实有效地满足客户多层面的需求，具体如图3-3所示。

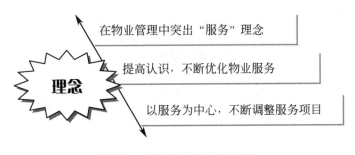

图3-3 在管理中树立服务理念

1.在物业管理中突出"服务"理念

将物业管理转变为物业服务是一种工作理念的重大转变。传统的物业管理注重的是对小区运行中的各项设备设施进行维护,将工作重点放在了管理层面上。而物业服务理念的运用则强调在管理过程中将为客户服务放在重要的位置上。

服务是物业公司的灵魂与主旨,因此,在物业管理活动开展过程中,应当将为客户服务作为一种责任与追求,尽最大可能为客户提供优质的服务。

2.提高认识,不断优化物业服务

为了做好小区的物业管理工作,在具体的工作开展过程中应当积极提高对物业管理的认知,并结合物业管理中出现的新需求,不断优化物业管理服务,及时更新物业服务理念。

(1)对公共设施以及硬件设备进行有效的管理与维护,为客户提供优质的服务。

(2)在具体的细节层面上进行优化处理,充分倾听客户的心声,为其提供有效的服务。

比如,充分关注小区里的老人,为老人提供一些方便服务;加强小区的美化,为广大客户提供良好的生活居住环境;加强常见安全隐患的有效排查,确保客户的居住安全。

(3)针对不同类型的客户采取不同的服务方式,以满足客户多层次的需求，比如，针对一些饲养宠物的客户，在其外出时可提供宠物看护服务。

3.以服务为中心，不断调整服务项目

物业服务工作的开展应当充分适应市场的变化，并结合客户的最新需求调整服务项目，具体措施如图3-4所示。

措施一	建立良好的权责意识，正确处理与客户之间的关系，在服务开展过程中始终保持法治观念与法治意识，积极为客户提供高效的管理与服务
措施二	充分运用现代的服务管理理念，提升客户居住过程中的自豪感与归属感，将发展功能、凝聚功能以及服务功能充分发挥到位
措施三	建立有效的社区文化建设机制，积极提升物业管理人员的专业服务意识、专业工作能力，切实将客户需求放在重要的位置，加强小区文化以及环境多种层面的建设与规划
措施四	使用文明用语，主动为客户送温暖，在必要的情况下及时伸出援手
措施五	充分结合目前的社区文化以及现代物业的工作思路与工作方式，对小区的物业管理进行有效的优化与建设。积极加强与客户之间的良好沟通与互动，直接倾听或者观察客户的需求，并为客户提供相应的管理服务

图3-4 以服务为中心调整服务项目的措施

三、强化服务意识

要想把服务工作做好，首先要从管理机构内部着手。通过促进管理者思想意识的转变、加强员工思想道德素质和自身素质的教育，增强员工的服务意识和创新意识；通过转变内部机制，增强员工的竞争意识，服务的质量自然就会得到显著的提高。

1.管理者要进行思想意识的转变，强化服务意识

物业服务企业的管理者应加快自身思想意识的转变，突出服务的培养方向，加大培训力度，提高服务市场建设的投资决策水平与预见性，不断加强服务水平理论和方案的探讨。同时加强对外部优秀企业的考察和学习，不断引进他人的成功管理经验，逐步推动服务管理水平向更高、更好的方向发展。

2.加快人才的培养，形成具有专业化服务水平的技术力量

要想参与市场竞争，就必须能为市场提供优质的产品。物业服务企业为市场提供的产品是服务，人才则是物业服务企业提供优质服务的关键。所以，加快人才的培养是物业管理工作的基础，可采取图3-5所示的措施。

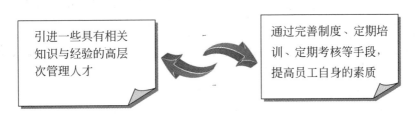

引进一些具有相关知识与经验的高层次管理人才

通过完善制度、定期培训、定期考核等手段，提高员工自身的素质

图3-5　加快人才培养的措施

3.改变内部机制，增强员工市场竞争意识

企业改革的主要目的就是完善运行机制。要想提高服务水平，就要加强员工业务素质的考核，做到奖罚分明；积极实施竞争上岗，对符合服务要求的人员继续聘用，对不符合服务要求的人员解聘；加强人才的优化选聘，对专业岗位实施专业选聘，以保证社会上先进的专业管理技术在企业中得到运用。

四、规范服务行为

物业管理的本质是服务，人们对现代物业管理服务的要求越来越高，物业服务企业必须提供规范化的服务，努力提升服务水平，以满足客户的服务需求，减少客户的投诉，具体要求如图3-6所示。

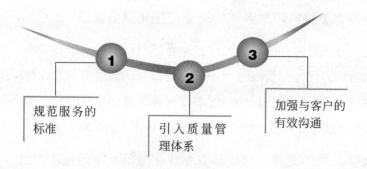

图3-6 规范服务行为的要求

1.规范服务的标准

员工服装统一、举止文明、态度和蔼、语言亲切，是物业服务的统一标准。只有在服务标准上多下功夫，打造一支业务水平高、管理经验丰富、自身素质强的管理队伍，才能满足当今物业管理发展的需要，才能满足客户对物业服务企业的需要。

2.引入质量管理体系

在日常服务管理工作中引入ISO 9000质量体系，能够切实保障物业管理中各环节工作的履行，同时，还能够提高其他方面的管理水平。

凡是通过质量体系认证的物业服务企业，一定会成为一个服务水平高、管理完善，让广大客户信得过的好企业。

3.加强与客户的有效沟通

物业服务企业要在提高服务质量的同时，加强与客户的联系，及时把有关的规定和要求通过各种渠道传达给客户，并获得客户的理解、支持和配合，这是减少投诉的重要条件。

物业管理行业属于感情密集型服务行业，客户在物业中停留时间较长，与物业服务企业合作的时间也较长，因此与客户的感情交流尤为重要。可以采取图3-7所示的措施，来加强与客户的沟通。

方式一	听取客户意见，了解他们需要的服务项目，以及对物业服务企业有哪些好的建议
方式二	解决好客户投诉，并及时给予回复，让客户知道我们时时刻刻在关心着他们
方式三	应通过联谊等形式，积极开展社区文化建设，促进与客户的交流，消除与客户之间的感情隔阂，使客户对物业服务企业产生信任

图3-7 加强与客户沟通的方式

五、提高服务手段

时代在不断前进，科技在不断发展。物业服务企业在日常管理服务过程中，要加快先进技术和设备的引入，提高服务的准确性和效率。

比如，日常收费管理采用专业的物业管理软件，可方便物业员工对大量客户资料和收费资料的查询和存档；小区实施全方位电子安防监控系统、可视对讲系统、周界防越报警系统，可使物业服务更加方便快捷，客户生活更加舒适安全；信息网络系统的运用，可使客户感受到现代科学的发展，足不出户，便可知天下事。

先进的科学技术在小区物业管理中的运用，势必将提高物业管理服务水平与客户的生活品质，使物业服务企业的服务更加快捷和方便。

▌ 知识拓展

高水准物业服务的九大要素

1.服务态度——热情

物业管理属服务性行业，要求员工能真正理解物业服务企业的精神——"真诚，善意"。员工应以发自内心的笑容为客户热情服务，尤其应做到文明礼貌、语言规范、谈吐文雅、遵时守节、衣冠整洁、举止大方、动作雅观、称呼得当。

2.服务设备——完好

良好而完善的硬件设施是实现高水平物业管理的先决条件。物业管理中的设备包括房屋建筑、机器设备（如水泵、电梯）、卫生设备、通信设备、电器设备等。对这些设备要加强管理、精心维护，使之始终处于完好状态，以降低设备故障率。

3.服务技能——娴熟

服务技能是物业管理从业人员在服务管理中应该掌握和具备的基本功。除了需具有良好的服务意识外，物业员工应具备较好的业务素质，比如，工程人员应具备过硬的设备维护技术，财务人员应具备丰富的财务管理知识，保安人员应具备过硬的治安、消防本领等。

4.服务项目——齐全

除了做好物业管理的必要服务项目外，物业服务企业还要努力拓展服务的深度和广度，努力开展各种能满足客户需要的特约服务和便民服务，使客户享受到无微不至的关怀和尽善尽美的服务。

5.服务方式——灵活

物业管理除了规范管理、依法管理外，还应设身处地地为客户着想，努力为用户提供各种灵活的服务，切忌死板僵硬的管理。应尽可能在办事手续、作业时间、服务范围等方面给客户提供方便。

6.服务程序——规范

服务程序是指服务的先后次序和步骤，它看起来无关紧要，但实际上也是衡量物业管理水平的重要标准之一。比如，电话接听程序、设备操作程序、装修审批程序、清洁程序等都要严格按次序一项接一项、一环扣一环地执行，不可随心所欲、杂乱无章。

7.服务收费——合理

物业管理属有偿的服务行为，客户不交管理费而享受免费服务是不现实的。但物业服务企业制定的综合服务收费标准应不高于政府规定的收费标准，物业服务企业开展的特约服务和便民服务也应该以满足客户需要为目的。要以"保底微利，以支定收"为原则，切不可向客户乱收费或收费多、服务少等。

8.服务制度——健全

物业服务企业应建立并健全一套规范、系统、科学的服务制度，以确保为客户提供稳定的服务。这些制度应清晰有序、易于操作，切忌随意变化、无章可循和以个人意志为主的管理。

9.服务效率——快速

服务效率是向客户提供服务的时限。在"时间就是金钱，效率就是生命"的价值观念下，服务效率高不仅能节省时间，而且还能为客户带来利益。因而，物业服务企业应尽量提高员工素质、减少工作环节、简明工作程序、缩短办事时间、提高服务效率。

第三节　降低投诉率

对于物业服务企业来说，投诉是难以避免的。如果不能很好地处理投诉，就会造成物业服务企业的信任危机，制约企业的健康发展。因此，物业服务企业应采取措施降低投诉率，体现出物业服务企业的服务能力和公关意识。

一、完善制度

不断建立和完善各项管理和服务制度，并严格按工作规程和规范开展工作，是减少投诉的关键。

完善的管理制度和严格的工作流程为服务和管理提供了量化标准，既有利于物业服务企业提高管理水平，完善各项服务；也有利于客户以客观的标准来评价、监督物业服务企业的工作。

二、事前预防

对于客户普通投诉的预防，重点要关注企业运营各关键环节对客户的影响，针对各类内部隐患、之前客户投诉的热点问题，及时采取切实可行的有效措施，建立起企业内部完善的预防机制，从源头上减少投诉产生的机会，并做好相关投诉问题的处理预案，以便在出现客户投诉时能够快速、有效地反馈和解决。具体可采取图3-8所示的两个措施。

物业服务企业可在客服中心设置意见本，主动征求客户的意见，给客户提供一个发泄不愉快情绪的机会，同时找到企业工作中的瓶颈和不足

多数客户在遇到麻烦时会向一线工作人员提出非正式的投诉，所以，物业服务企业可以组织直接与客户打交道的工作人员，列出客户经常投诉的问题，这样有助于引起他们对投诉问题的重视，并在工作中有意识地减少投诉事件的发生

图3-8　事前预防的措施

> **❓ 小提示**
>
> 很多投诉问题的产生都符合典型的"蝴蝶效应理论"，前期企业内部十分微小的问题，都可能给企业带来致命性的影响。

三、及时控制

加大巡查力度，及时发现和解决问题，把事态控制在萌芽状态，这是减少投诉的根本。

物业服务企业应加强日常管理，防患于未然，通过巡视检查等手段，尽量减少事故的发生。同时，加强服务中各个环节的管理，杜绝管理中的漏洞，使管理趋于"零缺点"或"无缺陷"的尽善尽美状态。

四、不断创新

不断适应社会的发展，寻找新的服务方式和方法，是减少投诉的前提。如果物业服务企业不进行创新，保持旧的服务优势和质量，同样会招致客户的不满。物业服务企业应注重研究客户的潜在需要，具有超前、创新思维，提供更完善的管理和更便利的服务，这样才能获得客户长久的满意和支持，减少投诉的发生。

✎ 学习回顾

1.为什么要建立客户投诉处理机制？

2.如何树立服务理念？

3.如何规范服务行为？

4.如何在事前预防客户投诉？

✎ **学习笔记**

_____

_____

_____

_____

_____

_____

第二部分
Part two

物业服务沟通技巧

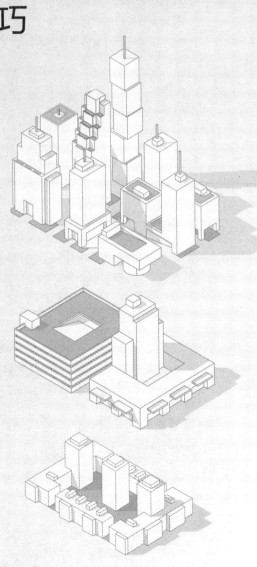

第四章　物业服务沟通概述

1. 初步认识与了解沟通。
2. 掌握有效沟通的技巧。
3. 了解物业服务沟通的常识。

第一节　沟通的基本认知

　　沟通，是人类社会的重要交流方式，无论是日常生活还是工作学习，我们都需要与别人进行沟通。

一、沟通的定义

　　沟通是人与人之间、人与群体之间思想与感情的传递和反馈过程，目的是让思想达成一致，感情交流顺畅。有效的沟通，是通过听、说、读、写等思维载体，以演讲、会见、对话、讨论、网络等方式准确恰当地表达出来，促使对方接受。沟通的过程如图4-1所示。

　　人与人的沟通过程包括输出者、接受者、信息、沟通渠道等四个主要因素，如图4-2所示。

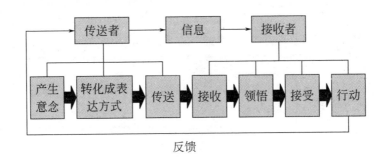

图4-1　沟通的过程

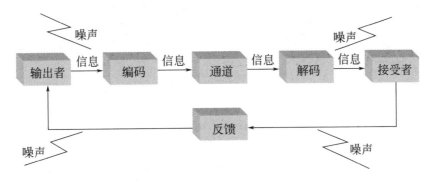

图4-2　沟通过程中的四个因素

1.输出者

信息的输出者就是信息的来源，他必须充分了解接受者的情况，选择合适的沟通渠道，以便于接受者理解。要想顺利地完成信息的输出，必须对编码（Encoding）和解码（Decoding）两个概念有一个基本的了解。编码是指将想法、认识及感觉转化成信息的过程。解码是指信息的接受者将信息转换为自己的想法或感觉。

在编码的过程中，要注意图4-3所示的几个方面，那样可以提高编码的正确性。

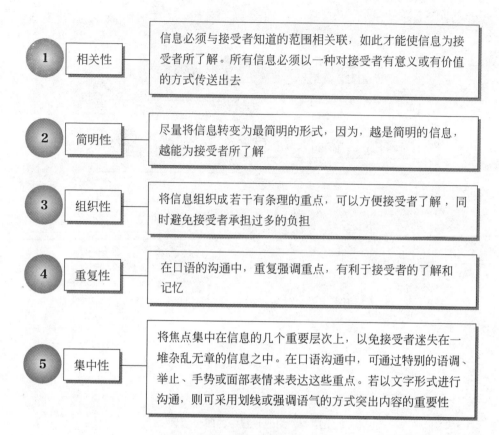

图4-3 提高编码正确性的要求

2.接受者

接受者是指获得信息的人。接受者必须将信息解码，即将信息转化为他所能了解的想法和感受。这一过程会受到接受者的经验、知识、才能、个人素质，以及信息输出者的期望等因素的影响。

3.信息

信息是指在沟通过程中传给接受者（包括口语和非口语）的消息。同样的信息，输出者和接受者可能有着不同的理解，这可能是输出者和接受者的差异造成的，也可能是因为输出者传送了过多的不必要信息。

4.沟通渠道

沟通渠道是信息得以传送的载体，可分为正式或非正式的沟通渠道、向下沟通渠道、向上沟通渠道、水平沟通渠道。

二、沟通的作用

为什么要沟通？这个问题就像是"为什么要吃饭"或"为什么要睡觉"。吃饭是因为饥饿，睡觉是因为困倦。同样，沟通是一种自然而然的、必需的、无所不在的活动。

通过沟通，可以交流信息，获得感情与思想。人们在工作、娱乐、居家、买卖时，或者希望和某些人的关系更加稳固和持久时，都要通过交流、合作来达到目的。

沟通的主要作用，如图4-4所示。

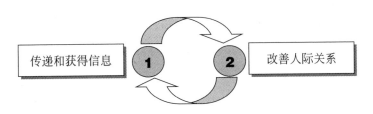

传递和获得信息　1　2　改善人际关系

图4-4　沟通的主要作用

1.传递和获得信息

信息的采集、传送、整理、交换，无一不是沟通的过程。通过沟通，交换有意义、有价值的各种信息，生活中的大小事务才得以开展。

掌握低成本的沟通技巧，了解如何有效地传递信息，能提高人们的办事效率；而积极地获取信息，也会提高人们的竞争优势。好的沟通者可以一直保持注意力，随时抓住内容的重点，找出所需的重要信息。他们能更透彻地了解信息的内容，拥有最佳的工作效率，能获得更高的生产力。

2.改善人际关系

沟通与人际关系是相互促进、相互影响的。有效的沟通可以赢得和谐的人际关系，而和谐的人际关系又使沟通更加顺畅。相反，人际关系不良，会使沟通难以开展，而不恰当的沟通又会使人际关系变得更坏。

三、沟通的分类

1.按照功能划分

按照功能不同，沟通可以分为工具式沟通和情感式沟通，如图4-5所示。

工具式沟通

指发送者将信息传达给接受者，其目的是影响和改变接受者的行为，达到组织的最终目标。工具式沟通能够有效地降低管理的模糊性，让下属清晰地知道自己的工作方向和目标，从而提高整个组织的运营效率

情感式沟通

指沟通双方通过情感表达，获得对方精神上的同情和谅解，最终改善相互间的关系。情感式沟通是组织的润滑剂，能让员工和管理者之间产生情感上的共鸣，让员工产生归属感，从而激发员工的士气，增强组织的凝聚力

图4-5 按照功能划分的沟通类型

2.按照沟通方式划分

按照沟通方式不同，沟通可以分为四种，如图4-6所示。

（1）口头沟通。口头沟通是最常见的交流方式，它包括演说、正式的一对一讨论或小组讨论、非正式讨论，以及传闻或者小道消息的传播等。

口头沟通的优缺点，如图4-7所示。

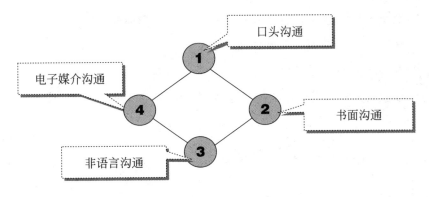

图4-6　按照沟通方式划分的沟通类型

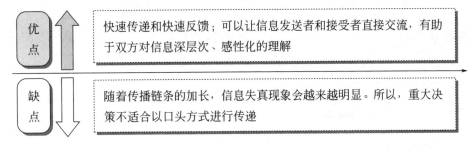

图4-7　口头沟通的优缺点

（2）书面沟通。书面沟通包括备忘录、信件、组织内部发行的期刊、布告栏、传单，以及其他任何传递书面文字或符号的手段。

书面沟通的优缺点，如图4-8所示。

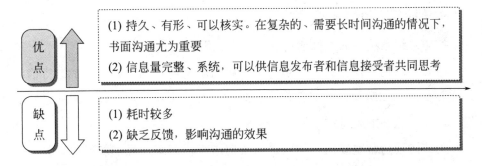

图4-8　书面沟通的优缺点

（3）非语言沟通。非语言沟通是相对于语言沟通而言的，是指通过身体动作、体态、语气语调、空间距离等方式进行信息交流与沟通。在沟通中，信息的内容往往通过语言来表达，而非语言则是对内容的解释。因此，非语言沟通常被认为是辅助性或支持性角色。非语言沟通的方式，如图4-9所示。

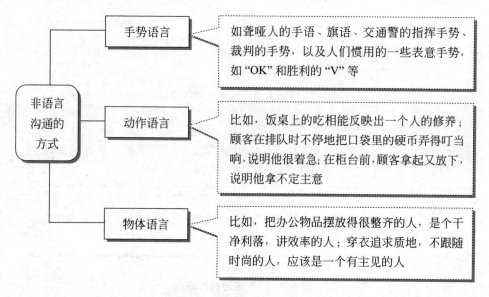

图4-9 非语言沟通的方式

（4）电子媒介沟通。电子媒介沟通包括电子邮件沟通、电话沟通、闭路电视沟通、双向视频沟通、电子显示屏沟通、传真机沟通、微信群沟通等。其中，电子显示屏沟通如图4-10所示。

3.按照组织系统划分

按照组织系统不同，沟通可以分为正式沟通和非正式沟通。

（1）正式沟通。正式沟通是指按照组织明文规定的原则、方式进行信息传递与交流。如组织内的文件传达、定期召开的会议、上下级之间的定期汇报，以及组织间的公函往来等。

正式沟通通常是在组织的层次系统内进行，约束力强，能保证有关人员或部门按时、按量得到规定的信息，同时有利于保密。

图4-10　电子显示屏沟通

正式沟通的主要缺点是，信息在沟通链条上层层传递，可能造成信息失真，同时，不利于横向沟通。

正式沟通模式有五种，即链式、环式、轮盘式、Y式和全通道式，如图4-11所示。

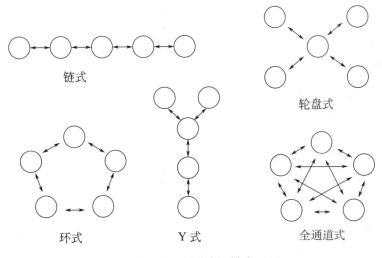

图4-11　五种沟通模式

五种沟通模式的特点，如表4-1所示。

表4-1　五种沟通模式的特点

序号	沟通模式	特点
1	链式沟通	这种沟通模式发生在一种直线型五级结构中，沟通只能向上或向下进行。在这种模式下，信息层层传递，路线长、速度慢，且容易造成信息过滤、篡改和失真
2	环式沟通	在这种模式下，沟通只能发生在相邻的成员之间，即沟通只能在同部门成员之间或直接上下级之间进行，不能跨部门沟通，也不能越级沟通。组织成员往往可以达到比较一致的满意度。但信息层层传递，因此速度慢，且容易失真
3	轮盘式沟通	在这种沟通模式下，四个下属都向同一个上级报告，但四个下属之间不能沟通。这种模式的结构层次少，信息传递速度快，且不易发生失真，组织集中度高。但每个人可以沟通的渠道只有一个（领导者除外），因此，成员满意度较低，组织士气低落
4	Y式沟通	这是一个有四个层级的组织结构。在这种模式下，信息层层传达，速度较慢，且容易失真。这种组织的权力集中度高，解决问题的速度快，但成员士气一般
5	全通道式沟通	在这种沟通模式下，每一个组织成员可以自由地与其他成员沟通，因此，沟通速度快。但由于沟通渠道太多，易造成混乱，并降低了传递信息的准确度。这种沟通模式的组织集中化程度低，成员士气旺盛，适合人才聚集的高新技术企业

（2）非正式沟通。非正式沟通是以非正式组织系统或个人为渠道的信息沟通。这种沟通是在正式渠道之外进行信息交流，传递和分享组织正式活动之外的"非官方"信息。非正式沟通网络构成了组织中重要的消息通道。员工间私下交换意见，议论某人、某事，以及传播小道消息等都是非正式沟通的行为。

非正式沟通的作用与缺点，如图4-12所示。

常见的非正式沟通有小道消息、"铁哥们儿网络"等，如图4-13所示。

4.按照沟通方向划分

按照沟通方向不同，可以将沟通分为下行沟通、上行沟通和平行沟通，如图4-14所示。

作用

（1）它能满足员工的社会需求，为员工创造一个良好的感情交流渠道

（2）它能在正式渠道不畅通或者出现问题时，起到关键的信息传播作用

缺点

（1）由于人们的技能、知识、态度等差异，会使所传信息经常出现失真

（2）一旦一些不实的小道消息散布出去，就会造成很坏的影响，能破坏组织的凝聚力和稳定性

图4-12　非正式沟通的作用与缺点

1 小道消息

主要以熟人或朋友为基础，跨组织边界传播，传播速度快、范围广。小道消息沟通的主要问题在于，信息源本身的准确性低

2 "铁哥们儿网络"

指哥们儿、朋友之间形成的非正式沟通网络，信息传播具有感情色彩。"铁哥们儿网络"的关系联络功能强于信息功能，范围也比较小

图4-13　常见的非正式沟通方式

1 下行沟通

指上级将信息传达给下级，是自上而下的沟通。管理者经常需要利用下行沟通方式与下属沟通信息

2 上行沟通

指下级将信息传递给上级，是自下而上的沟通。上行沟通经常采用意见箱、员工调查、管理信息系统、座谈会等形式展开。将上行沟通与下行沟通有机结合，能让员工与管理者之间的沟通形成完美的循环

3 平行沟通

指同级之间的信息传递，也称为横向沟通。平行沟通的目的在于获得对方的配合或帮助，以及寻求积极的反馈意见

图4-14　按照沟通方向划分的沟通类型

第二节　有效的沟通

　　沟通是人与人之间的一座桥梁，会让我们的工作和生活变得更加美好。在这里，我们强调的沟通是有效的、成功的沟通。

一、有效沟通的障碍

　　有的人会为不善言辞、不会讲话，沟通不顺畅而烦恼；但健谈的人也未必就是沟通的高手。不善表达者，若抓住了重点，掌握一些技巧，也可以达到很好的沟通效果。有效沟通的障碍如图4-15所示。

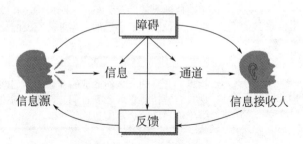

图4-15　有效沟通的障碍

　　常见的沟通障碍一般来自三个方面，即传送方的问题、接收方的问题及传送通道的问题，如表4-2所示。

表4-2　沟通的主要障碍

障碍来源	主要障碍
传送方	（1）用词错误，词不达意 （2）咬文嚼字，过于啰唆 （3）不善言辞，口齿不清 （4）要别人听从自己 （5）态度不正确 （6）对接收方反应不灵敏

续表

障碍来源	主要障碍
传送通道	（1）通过他人传递，造成误会 （2）环境选择不当 （3）沟通时机不当 （4）有人破坏、挑衅
接收方	（1）听不清楚 （2）只听自己喜欢的部分 （3）偏见 （4）光环效应 （5）情绪不佳 （6）没有注意言外之意

二、沟通的特殊技能——倾听

倾听是一项技巧，是一种修养，甚至是一门艺术。学会倾听应该成为每个员工的一种责任、一种追求、一种职业自觉，倾听也是管理人员必不可缺的素质之一。

倾听对管理人员至关重要。当员工知道自己的谈话对象是一个倾听者而不是一个等着做判断的领导时，他们会毫不隐瞒地给出建议，分享自己的情感。这样，领导和员工之间能创造性地解决很多问题。

那又该如何做一个好的倾听者呢？具体如图4-16所示。

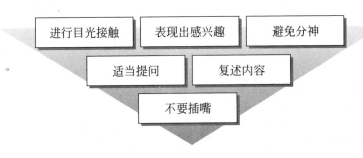

图4-16　如何倾听

1.进行目光接触

与讲话者进行目光接触，可以集中你的注意力，降低分神的可能性，同时，也可以鼓励讲话者。

2.表现出感兴趣

可通过非语言信号，如在眼神接触时坚定地点头，适当的面部表情等，表示你正在专心地倾听。

3.避免分神

当你倾听的时候，不要看表、翻动文件、玩弄手中的笔或做其他类似的分神动作。这样，讲话者会认为他讲的内容无聊或无趣。而且，这些动作表明你没有全神贯注地倾听，可能会漏掉一部分信息。

4.适当提问

适当提问，可以确保真正理解讲话者的内容，也能表明你正在倾听。

5.复述内容

用自己的语言复述讲话者所讲的内容，比如，"我听你这样说……""你的意思是不是……"

6.不要插嘴

让讲话者将他的思想表达完毕，不要插嘴，不要试图去揣测讲话者的意思。

三、沟通中的反馈技巧

反馈有正面反馈和反面反馈两种。正面反馈通常会很受欢迎，而负面反馈则大不相同。正面反馈比负面反馈更容易被接受，因为，人们都喜欢听好消息，而正面反馈刚好符合了人们的喜好。

那么，这是不是意味着沟通中应该避免负面反馈？当然不是，应该选择最容易接受负面反馈的环境来实施这种反馈。也就是说，当负面反馈能由一些硬性数据（数字、特殊的例子等）来证明时，就应该实施该反馈。

而要做出有效的反馈，就必须做到图4-17所示的几点。

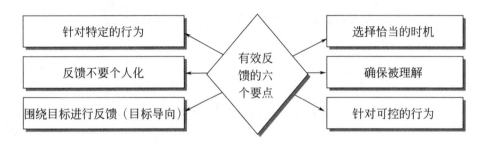

图4-17　有效反馈的六个要点

1.针对特定的行为

反馈应该是特定的，而不是全面的。要避免说"你态度不好"或"我对你所做的工作留下了很深的印象"这类话。这些话反馈的信息含糊不清，并未告诉接收者如何改进"不好的态度"，也没有说出对方做了哪些"好工作"，这样，接收者就不知道应该发扬哪些行为了。

2.反馈不要个人化

反馈，尤其是负面反馈，应该是描述性的，而不是判断性和评估性的。不管你怎样生气，都应该让反馈与特定的工作相关，不要因为某人的一些不适宜行为而进行人身攻击，那样会引发一些负面情绪。

3.围绕目标进行反馈（目标导向）

如果你必须去说一些负面的事情，要确定它是直接围绕着目标进行的反馈。如果主要是为了你自己，那么请闭嘴不要发言，这种反馈会降低你的可信度，削弱反馈的意义和影响。

4.选择恰当的时机

当反馈的时间相隔很短时，反馈最有意义。例如，一个出了差错的新员工，如果在其出错之后立即提出或者在当天下班时提出建议，他会更愿意接受意见、改正错误；如果在6个月以后的绩效评估中提出，效果则会大不如前。当然，如果你没有充足的信息或者只是心情不好，这种情况下"快速"反馈，接收者很可能会反驳你。此时，"恰当时机"的意思就是"推迟一些"。

5.确保被理解

每一个成功的沟通都需要让接收者理解反馈的内容。同倾听技巧一样，你应该让接收者复述反馈内容，以确定他是否领会了你所想表达的意思。

6.针对可控的行为

负面反馈应该针对那些可以改变的行为。向某人提出他自身无法控制的缺点，没有什么价值。

比如，批评一个因为忘了定闹钟而迟到的员工是有效的。但一个员工因搭乘的地铁出了问题，而迟到了30分钟，此时批评她是毫无意义的，因为她无力改变所发生的一切。

而且，对接收者一些可控制的情况提供负面反馈时，再提出一些改进建议可能会更好。

四、物业管理实践中的沟通技巧

管理实践中，物管人员会遇到各种突发情况，不同的情况，要使用不同的沟通技巧。客户的异质化程度高，有的知书达理，有的蛮横无理，面对不同的客户，也要使用不同的沟通技巧，这样才能化干戈为玉帛。物业管理实践中的沟通技巧，如图4-18所示。

图4-18 物业管理实践中的沟通技巧

1.换位思考

换位思考是人与人之间的一种心理体验过程，它要求将心比心，设身处地地为他人着想，这也是达成良好沟通不可缺少的心理机制。客观上，它要求我们将自己的内心世界，如情感体验、思维方式等，与对方联系起来，站在对方的立场上体验和思考问题，从而与对方在情感上达到共鸣，为增进理解奠定基础。在物业管理实践中，换位思考是化解矛盾冲突最常用的沟通技巧。物管人员和客户发生矛盾时，要学会换位思考，站在客户的角度去考虑问题，体会客户的心情，并且引导客户进行换位思考，去体谅物管人员的难处，从而使问题得到有效解决。

> **📁 小案例**
>
> 某中档小区，开发商为保持楼盘外观的美观，曾与物业公司约定，任何人不得封闭阳台。但开发商与业主的销售合同书上并未明确此条款，因此，当业主封阳台遭拒绝时，就迁怒于物业公司，许多业主联合起来拒交物业服务费。物业公司并没有采取与业主对立的做法，而是从业主的角度去考虑，尽可能地去了解业主行为的动机。
>
> 通过多次实地调查研究，他们发现，由于该城市的风沙较大，不封闭阳台，的确会给业主的生活和安全造成不便和隐患。但开发商认为，

封闭阳台会影响外墙的美观。物业公司经过再三斟酌，认为应该从实际出发，以人为本，要把业主的安居环境作为首要因素。通过与开发商的反复协商，最终达成共识：阳台可以封，但要统一规格、材料，这样既能满足业主的要求，又不影响外墙的美观。而业主也认识到，物业公司当初禁止封闭阳台，是与开发商有约定，是从维护小区整体外观的角度去考虑问题的，也是为了广大业主的利益。经过换位思考后，双方消除了误会，握手言和。

2.多管齐下

单凭一方或一己之力，很难解决问题；若汇聚多方、多人之力，问题就会迎刃而解。俗话说：一个好汉三个帮，有时只靠物管人员的努力，并不能解决与客户的纠纷，还需要借助社区、业委会、政府主管部门等第三方力量，共同协作，解决问题。第三方独立于物管人员和客户两方，因为没有利益冲突，所以更容易客观地看待事情，从中立的角度分析双方的过错、得失，这样有利于公平、公正地解决问题。在实际沟通过程中，多管齐下不仅指借助第三方力量，还指灵活运用其他力量，如客户家中明事理的家人、与客户相熟的其他物管人员等。

📁 小案例

某物管人员小王接到业主的投诉，称他所在的居民楼，有人在楼梯拐角处用煤炉烧水，不但污染空气，也影响过往通行。小王找到煤炉的主人李先生核实情况，请他遵守"业主公约"，不要为了自己方便，而影响整体的环境。李先生丝毫不理睬小王，还是将煤炉放在老地方，小王接连去了李先生家三次，苦口婆心地请他尊重相邻业主的权益，可李先生非常固执，执意要将煤炉放在那里。李先生不讲理，可事情还是要解决，于是，小王想到请与李先生有交情的保洁员小胡出面，和李先生沟通，劝他把煤炉拿回家。然后又请李先生的母亲帮忙做他的思想工作，李先生是孝子，又讲兄弟义气，经过多方面努力，问题最终得以解决。多管齐下，是非常积极的沟通技巧，一条路走不通，要想方设法从其他方面入手，寻求各种力量，共同解决纠纷，促进小区的和谐发展。

3.恰如其分

恰如其分指办事或说话正合分寸，不多一分，不少一分，将分寸拿捏得当，才能化解潜在的危机，巧妙处理各种突发事件。物业管理实践中的人际沟通，是一门复杂的艺术，人与人之间的交往，有利益的驱动，更有情感的联系。物管人员与客户建立了深厚的感情，客户信任物管人员，物管人员关心客户，但并不意味着可以不讲原则。如果做事情始终考虑人情，而不考虑规则，就会打破管理的秩序，影响管理的效率。

💼 小案例

业主张先生与物管人员关系一向很好，物业公司搞活动需要帮助时，他都出了很多力。但当他提出想在家中饲养一条大蟒蛇作宠物时，物管人员却坚决反对，因为"业主公约"里有具体的规定，业主不能在家中饲养有危险性的动物。若张先生家中有蟒蛇，哪天忘记关门，蟒蛇爬出来，就会给其他业主带来很大的威胁。张先生认为物管人员太不够意思，一点不通融，物管人员则耐心向他说明情况，并表示如果不违反规定，张先生有任何困难，物管人员都会给予最大的帮助。张先生最终理解了物管人员的做法，恢复了与他们的良好关系。人情归人情，原则性的问题不能通融，不能模糊了界限，要做到恰如其分。

4.委曲求全

委曲求全是指为了求全，忍受一时的委屈。物业管理，管理的是物业，服务的是人，天天与人打交道，是一项复杂而艰辛的工作。物管人员如果一点委屈都不能承受，就会与客户关系僵化，不利于企业长期的发展。物管人员为客户排忧解难时，为了企业的形象与口碑，应该掌握委曲求全的沟通技巧，以一时的忍让，换得客户的满意。

💼 **小案例**

> 某业主家中沐浴器水流太小，请物业维修人员上门检查。维修人员一时查不出原因，此时业主打开了沐浴器，不小心浇了维修人员一身的水。维修人员一声不响地重新检查沐浴器，最终发现了问题的症结：业主家的沐浴器使用时间过长，锈渍堵塞了出水眼。维修人员解决问题后，全身湿淋淋地离开业主家，虽然心里很委屈，但选择了冷静克制。如果当时维修人员受不了气，与业主激烈争吵，或是收拾工具不修了，势必引起业主更大的愤怒，业主也因此会对物管人员产生敌对心理。

5.以退为进

以退为进是指以暂时的退让，取得更大的进展。有时，针锋相对并不是解决问题的最好办法，适度的退让，反而有利于沟通。不争一时意气，等客户冷静下来，再做进一步沟通，相信问题一定能圆满解决。运用"以退为进"的沟通技巧，体现了物管人员处理问题的智慧、耐心和信心。

💼 **小案例**

> 某高层住宅的电梯发生故障，物业公司领导立即赶到现场，按照事

先制订的紧急预案组织有关人员进行抢修。经过50分钟的紧急处置，电梯故障得以排除。当被困的3位业主走出电梯时，物业领导主动向他们解释故障发生的原因，并真诚地道歉，安抚他们的情绪。但业主却不领情，破口大骂，认为物业人员失职，还要向媒体投诉。这时物业公司领导说什么，业主也听不进去，强作沟通，反而会激起业主更大的反感。所以，物业领导审时度势，觉得还是冷处理较好，业主正在气头上，不如以退为进，等第二天再向业主致歉。第二天，领导派人给3位业主送了水果篮，并以卡片的形式向业主表示歉意。此时业主气消了，也认为当时自己太冲动，口不择言，对物管人员太苛刻。最终双方冰释前嫌，关系比以前更加融洽了。

6.亡羊补牢

亡羊补牢是指错误发生以后，如果及时挽救，还为时未晚。物业管理是一个风险很高的行业，如车辆被盗、客户财产受损、客户人身受到伤害等，即使物管工作做得再好，也不能完全避免物业风险。当风险发生时，唯有吸取教训，弥补不足，更严格地要求自己，把工作做得更细致认真，才能降低未来的风险，让公司不断成长。

小案例

某小区一幢楼的4户人家某天被小偷撬了门锁，因防盗门较结实，小偷没能撬开大门，因而没发生实质性的偷盗行为。虽然业主家中财产并没有受损，但物业公司认识到了安保工作存在漏洞。物业主管向这4户业主道了歉，表示以后要增加小区、楼道巡逻次数，完善小区进入人员登记制度，让业主居住得更安全。因开发商当初并未设置红外探头，这幢楼附近属监控死角。而且这幢楼靠近小区西边的围墙有个缺口，物业公司一直想把缺口修补起来，但由于围墙外有个菜场，有些居民为了买菜方便，强烈反对物业公司修补围墙。物业公司立即联系开发商，协调补装了探头，又联系业委会，商讨修补围墙一事。缺口虽然方便了居民买菜，但不利于小区封闭管理，为秩序维护、安全管理带来了隐患。物业公司向业主们分析了利弊：小偷大白天撬了4户人家的门，如此猖狂，到底是买菜方便重要，还是安全重要？最终，业主们一致认为安全最重要，同意物业公司把围墙修好。

7.察言观色

在解读客户心意时，除了关注他的说话内容外，更重要的是他怎么说的，有着怎样的面部表情及体态，这就是察言观色。客户的言行总是以自身的利益为出发点，物业人员要学会察言观色，了解客户的所思所想，揣摩说什么话他能接受，拿出什么方案他会认可，从而实现最有效的沟通。

💼 **小案例**

某业主怒气冲冲地来到物业管理处投诉，说她的亲戚来看她，却被小区秩序维护员挡在外面，不让进小区。物业接待人员了解到，原来是她的亲戚没有携带有效证件，秩序维护员虽知来人是业主的亲戚，但出于安全考虑，没有放行，从而引起业主的强烈不满。接待人员从业主的口音判断她是北方人，性子比较急，连珠炮一般的话语，容不得别人插话。这时若直接用言语和她沟通，很可能引起争论，未必有好的效果。于是，接待人员请她坐下来，耐心听她把话说完，待她的表情渐渐平静下来，身体开始放松，再向她解释。接待人员首先表示接受批评，然后向她和她的亲戚表示歉意，承认秩序维护员工作没做到位，缺乏灵活性，给业主的生活带来了不便，并表示会向领导反映她的意见，在以后的工作中加以改进。

接待人员正是凭借察言观色，正确判断出业主的性格特征，恰当地处理了问题。

8.重点突破

重点突破，也就是集中精力，突破"关键的少数"，以发挥"以点带面"的作用。解决群体性的问题，或是大面积发生的问题，一时会觉得无从下手，但若能抓住"关键的少数"，就会化难为易，化繁为简，取得突破性的进展。物业实践中，让很多物业服务企业感到头疼的就是"收费难"的问题。客户有时对物业人员过于苛求，稍有不满就拒交管理费。交纳物业管理费是客户的义务，如果对物业管理工作不满意，可以向业委会、政府主管部门反映，或通过法律诉讼去解决，但不能拒交管理费。

面对客户当中的"欠费大户"，物业服务企业要重点突破，一旦收到成效，必然会对其他欠费的客户产生警示作用。

💼 **小案例**

某物业公司接手管理一处写字楼以来，工作勤勉，对业主负责，虽然采取多种措施催收物业管理费，但业主欠费累计高达数百万元。为了保障自己的合法权益，物业公司将几个欠费大户作为重点，提起了诉讼，最后法院判决物业公司胜诉，依法收取拖欠的物业管理费。诉讼结果被公示以后，其他欠费业主有了很大的触动，物业公司再去收取欠款时，就容易多了。

因为时间成本、经济成本等制约，物业服务企业无须向所有欠费业主提起诉讼，选择其中的欠费大户重点突破，势必就能收到很好的效果。

9.顺水推舟

顺水推舟是指顺着水流的方向推船，比喻顺着某个趋势或某种方向说话办事。物管人员有时要顺应客户的思路去行事，于客户方便，就是于己方便，让客户心里舒服，自己心里也会舒服，冲突也会迎刃而解。在处理一些非原则性问题时，可以运用这种沟通技巧。若是客户违反了有关法律法规，犯了原则性错误，就不能顺水推舟了。这里要强调的是，顺水推舟并不是指机械地一味按客户的意愿去行事，而是在顺应客户情感脉络和思维轨迹的大方向上，作出一些变通，让矛盾得以化解。

> **小案例**
>
> 某小区业主投诉他家楼上有人养鸡，每天天不亮就打鸣，严重影响了他的休息，要求物管人员马上处理这个问题。经过调查发现，楼上业主是一对新婚夫妇，其家乡有在新婚期间养鸡报喜的风俗习惯，所以才在家中养了一只大公鸡，而且按照惯例，公鸡至少要养一个月。物管人员了解情况后，上门与这对新婚夫妇沟通，先是恭贺新婚之喜，再聊起各地新婚习俗，话题引到公鸡报喜上面，不知不觉拉近了与业主的距离。最后物管人员点明来意，建议这对新婚夫妇将公鸡放养到郊区，让它为更多的人报喜。这样，既顺应了新婚夫妇公鸡报喜的思路，又解决了公鸡扰邻的问题，楼上楼下业主都满意了，物管人员以后的工作就更好开展了。

10.有备无患

有备无患指的是事先准备，就可以避免祸患。做任何事情都应该事先准备，以免到时候手忙脚乱。物业管理实践中，会经常遇到突发事件，如果事先不做好充足的准备，一旦出现问题，就会惊慌失措，处于被动局面，同时也会给客户留下一种办事能力低下的印象。

第三节 物业服务与沟通

在物业服务中，沟通就是管理、沟通就是服务。沟通的过程，就是管理物业的过程，就是服务客户的过程。

一、物业服务沟通的必要性

近年来，物业服务企业与小区客户之间的关系经常成为电视新闻、报章杂志的关注点，难道物业服务人员与客户之间的矛盾真的无法调解？大量的物业服务矛盾与纠纷案例表明，当事人之间缺少有效的沟通，将细小的矛盾演化为大问题甚至是热点问题，阻塞了双方之间信息与交流的通道，从而酿成了误解与纠纷。有效沟通对于处理与化解物业服务过程中的纠纷有着举足轻重的地位，物业服务企业必须充分认识到，与客户之间的有效沟通在物业服务中的重要意义。

目前来说，物业管理的现状还存在图4-19所示的问题。

现状一　从业人员整体素质与行业发展需求严重不对称，物业管理人员的理论知识、专业技能、经营管理能力及职业素养尚不能适应物业管理智能化、科学化、专业化的发展要求

现状二　一些物业服务企业还停留在过去的管理阶段，重管理轻服务，没有树立为客户服务的意识，服务质量和工作效率不高，与客户间存在隔阂

现状三　开发商将前期开发中的配套设施、工程质量等问题直接转嫁给物业服务企业，造成了客户与物业服务企业之间的矛盾冲突

图4-19

现状四	大多数客户倾其所有购得房产后对后期物业管理的期望值大幅提升,但目前物业管理的水平还有一定差距,由心理落差导致的物业矛盾直接影响了物业服务企业的收费率,也进一步影响了物业服务企业管理水平的提升
现状五	相关法律、法规不配套,使物业服务企业承担过多的社会责任,由于职责界定不清,有些问题很难有效处理和解决

图4-19　物业管理的现状

物业管理行业要想进一步向着健康的方向发展,就必须明确其终极目标——为客户服务。物业管理的服务过程就是沟通的过程,通过与客户沟通交流,了解客户的需求和态度,协调各方关系,提出解决问题、改进工作的措施,而且措施的实施要得到客户的认可和理解。

在这一过程中,物业服务企业与客户的交流是否顺畅,与客户的关系是否融洽,能否有效地化解矛盾,会直接影响客户对物业服务质量的评价,从而影响客户对企业的认可度。

二、物业服务沟通的内容

物业服务过程沟通的内容一般包括以下几个方面:

(1)与建设单位就早期介入、承接查验、物业移交等问题进行沟通交流。

(2)与市政公用事业单位、专业服务公司等相关单位和个人的业务沟通交流。

(3)与业主大会和业主委员会就物业管理事务进行沟通交流。

(4)与客户(或物业使用人)的沟通交流,包括物业管理相关法规的宣传与沟通,物业管理服务内容、标准和有关账目的公示与解释,物业管理相关事项、规定和要求的解释与答复,物业管理的投诉受理与处理反馈。

三、物业服务沟通的形式

物业服务企业应充分利用各种沟通形式，多渠道、多层面地与客户进行有效沟通，把小区物业管理事务中的矛盾与问题消除在萌芽状态，以达到优质服务、客户满意的目的。沟通能开启"问题之门"，沟通能架起"心灵之桥"，沟通能结出"理解之花"。通常来说，物业服务沟通的形式有图4-20所示的几种。

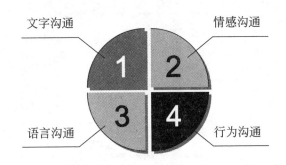

图4-20 物业服务沟通的形式

1.文字沟通

文字沟通是通过文字表达的方式给对方传递信息。小区物业事务繁杂，为将小区的重要信息及时传达给小区的客户，物业服务企业应充分利用文字沟通这个有效的基础性沟通方式。

（1）及时、清楚地把重要的小区信息通知给客户。涉及小区生活的重要事项应在第一时间及时、准确地告知全体客户。比如，小区停水、停电通知，设施维修前的通知，安全防范宣传、生活小常识、温馨提示等物业事务及信息，以文字通知、告示等形式进行传达。

充分利用各种宣传平台，如宣传横幅、宣传栏、LED屏幕，开展物业基本知识、政策法律法规、社区活动、消防常识等一系列宣传活动，具体如图4-21所示。

图4-21 把重要的小区信息通知客户

（2）定期把小区物业单位的服务与工作情况向客户进行反馈。应增大服务信息的透明度，让小区客户了解物业服务企业都在为他们做些什么，把物业服务的隐性工作告知客户，以加深客户对物业服务工作的理解，消除客户对物业服务企业的误解。大部分小区客户与物业服务企业的矛盾都是由信息不对称或理解的偏差引起的，因此，文字沟通的便捷性、直观性应该能有效地消除误解与矛盾，并能得到客户的认可。

2.情感沟通

情感沟通就是通过良好的心态、换位思考的方式、真诚的服务，拉近与客户的关系。物业服务企业与客户之间应建立一种融洽的关系，通过热情、周到、细致的服务得到客户的认可，并激励客户参与小区的管理工作。通过情感沟通，体现"以人为本"的理念，可充分发挥与调动客户参与小区建设的积极性。物业服务企业也应不断提升自身形象，增强管理人员自身素质，提高办事效率，提供优质、温馨的服务，提高客户对小区的认同感与归属感，提升物业服务的用户满意度。

（1）组织召开小区的业主委员会会议，是物业服务企业情感沟通的重要方法。认真酝酿会议议题，用好交流对话的平台，主动向客户汇报小区物业服务工作情况，听取客户对小区物业服务管理工作的建议和意见，将小区服务工作需要客户配合和支持的重大事项及时向客户反馈，以消除相互之间理解上的偏差和误解，取得客户的理解和支持。与小区客户开展联谊活动也是促进客户与物业服务企业情感沟通的重要渠道。

（2）开展丰富多彩、喜闻乐见的社区文化活动。物业服务企业应定期组织客户开展丰富多彩、喜闻乐见的社区文化活动，搭建好共建文明小区、构建和谐社区的舞台。安全的家园、优雅的环境、和谐的社区是物业人与客户的共同目标。社区文化活动剪影如图4-22所示。

（3）做好客户回访工作。建立健全客户意见调查和回访制度，虚心听取客户的意见与建议，是物业服务企业与客户情感沟通极其重要的形式。

图4-22 社区文化活动剪影

（4）定期进行客户意见调查。物业服务企业应定期进行客户意见调查，并对回收的调查表进行统计分析，获取客户对小区物业服务的满意率，收集客户对物业服务工作的意见。物业服务企业应将客户提出的合理化意见与建议，分解到有关部门，并将处理结果反馈给相关客户。对于客户的误解，物业管理人员应进行必要的解释。对于客户的询问，不能当场解决的，应说明原因，要做到事事有回应，件件有落实。

3.语言沟通

语言沟通就是物业服务人员通过文明礼貌、规范清晰的语言，良好的仪容仪表，向客户提供诚恳的服务。

语言沟通是物业服务中最常用的沟通方式，具体表现如图4-23所示。

在物业服务的过程中，提倡使用文明用语。在与客户沟通交流时，要尊重对方的表达方式与语言习惯，有效地传递物业服务的有关信息，阐述物业

表现一 对小区的客户表示关心

表现二 遇到客户时，礼貌待人，使用文明用语

表现三 当客户前来求助或办理其他事务时，热情接待，说好"三声"，即招呼声、询问声、道别声

图4-23 语言沟通的表现

服务企业的观点。同时注意收集客户言语中透露出的服务需求，及时为客户提供服务，这样不仅可以拉近与客户之间的情感距离，还能提高物业服务的用户满意率。

4.行为沟通

行为沟通就是以规范的管理、标准的操作、及时的服务，来赢得客户的理解与尊重。

物业无小事，员工的个人行为代表着企业，员工的优质服务能为物业服务企业塑造良好的形象。因此，应当让所有员工共同参与小区事务的管理，将每项服务的细节做好，把无形的服务变成有形的工作行为，并展现在客户面前。行为沟通的具体表现如图4-24所示。

表现一 当遇到有客户求助时，不推诿、不敷衍，马上处理

表现二 客户遇到困难时，尽最大努力去解决，急客户之所急，想客户之所想，把麻烦与困难留给自己，将方便、快捷留给客户

表现三 创造良好、舒适的小区环境

表现四 物业管理人员通过走访小区管理现场、巡视小区、接待小区客户，及时了解、发现服务过程中存在的问题

图4-24

| 表现五 | 现场虚心听取客户对小区建设和管理的看法、意见，收集客户的合理化建议 |
| 表现六 | 对合理化建议应及时采纳，努力满足客户的合理要求，创造更具人性化的居住环境 |

图4-24　行为沟通的表现

通过这种有形的行为沟通，来体现良好的企业形象，无疑会得到广大客户的赞赏与认同，与客户的关系也会更为融洽。

物业管理实践经验表明：**有效沟通是增进信任、化解矛盾、消除误解、解决问题的最佳方法。**

✂ 学习回顾

1.沟通的四个主要因素分别是什么？

2.如何做到有效倾听？

3.沟通中如何反馈？

4.与客户有效沟通有哪些技巧？

5.物业服务沟通有几种形式？

✎ 学习笔记

_____

_____

_____

_____

_____

第五章　物业服务沟通要素

本章学习目标

1. 了解物业服务礼仪的知识。
2. 了解物业服务规范的知识。

第一节　注重服务礼仪

礼仪是一个人文化修养的外在表现，也是与人进行友好交往的重要前提。服务礼仪是物业管理服务人员必备的素质和条件。

一、仪容仪表

仪容仪表通常是指人的外观、外貌，其中，重点是指人的容貌。在人际交往中，每个人的仪容仪表都会引起对方的特别关注，同时也会影响对方的整体评价。

1.制服

（1）上班时间除特殊规定外必须穿着制服。

（2）制服必须整洁、平整，按制服设计要求系上纽扣，挂上挂钩，无松脱和掉扣现象。

（3）爱护制服，使之干净、无污渍、无破损及补丁。

（4）在工作场所、工作期间，应将洁净的工牌端正地佩戴在左胸前，不得歪歪扭扭。

（5）在公司或管理处工作范围内应按规定穿鞋，特殊情况需穿非工作鞋时，应穿和制服颜色相称的皮鞋；不得穿凉鞋、拖鞋或赤脚上班。

 小案例

某物业公司着装规范

整体要求：员工上班必须着工装，工装应干净、平整、无污渍、无破损；不可擅自改变工装的穿着形式，不允许自行增加饰物，不允许敞开外衣，不允许卷起裤脚、衣袖；工装外不得显露个人物品，衣、裤口袋整理平整，无明显鼓起；纽扣须扣好，不应有掉扣；皮鞋洁亮无尘

男管理人员夏装	男管理人员冬装	着装要求
		夏天着白衬衫、西裤，系领带，衬衫下摆必须扎入裤腰内，袖口不可挽起，应扣好，领带下端与皮带扣相接为宜 冬天着西装、白衬衫，西装必须扣上纽扣，内穿"V"领毛衣，要露出领带

女管理人员夏装	女管理人员春秋装	着装要求
		夏天应着短袖上装、西装裙、西裤或短袖套裙；穿肉色丝袜、船型皮鞋，不着响底皮鞋；丝袜不应脱线，上端不应露出裙摆；系统一丝巾 冬天着统一西服，内穿马甲，系统一丝巾

续表

维修人员夏装	维修人员冬装	着装要求
		夏天统一着蓝色短袖装、长裤、黑色皮鞋 冬天着统一长袖装

护卫员夏装	护卫员冬装	着装要求
		分季节要求统一着装，要求服装整洁，除风纪扣外其余扣子均应扣好，禁止穿拖鞋上班

2.头发

头发整洁、发型大方是个人礼仪对头发的最基本要求。作为客服人员，乌黑亮丽的秀发、端庄文雅的发型，能给客人留下美的感觉，并能反映出员工的精神风貌和健康状况。

（1）头发必须常洗并保持整洁，头发的颜色必须是自然色，不准染成其他颜色，不准戴假发。

（2）发式应朴素大方，不得梳特短或其他怪异发型。

（3）女员工留长发的，超过衣领的长发应整齐地梳成发髻，也可以用黑色发卡或样式简单的头饰束发；留短发的，肩膀以上的头发应梳理整齐、不得遮住脸；必要时，可用灰黑色发箍或发带束发。

（4）女员工的刘海必须整洁，不可盖过眉毛。

（5）男员工头发的发梢不得超过衣领，鬓角不允许盖过耳朵，不得留大鬓角，不得留胡须。

小案例

某物业公司发型规范

整体要求：头发保持整齐、清洁，不得有异味；发型应朴实大方，不烫发、染发或留怪异发型	
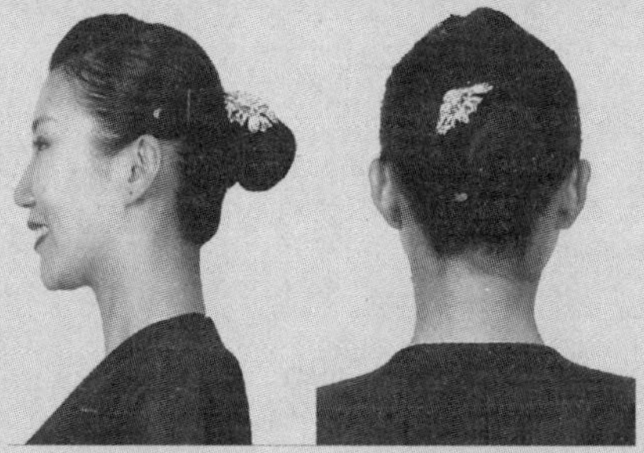	（1）女员工如留长发，应以黑色发网束起，中长发、短发梳到耳后 （2）男员工不得留长发，前发不过眉，侧发不盖耳，后发不触后衣领，禁止剃光头、烫发及留胡须
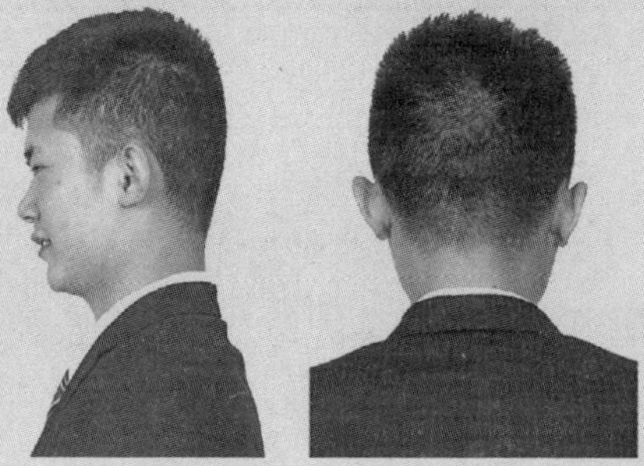	

3. 化妆

化妆不仅可以提升个人的气质，也会给客户一种美的享受。

（1）女员工上班必须化淡妆（包括腮红、眼影、眉毛、口红以及粉底），不得浓妆艳抹。嘴唇的化妆主要是涂口红，口红以红色为主，不准用深褐色、银色等异色。

（2）保持脸部干净、清爽、不油腻。

（3）常修指甲，保持干净和整齐，不得留长指甲。

（4）在指甲上只允许涂无色的指甲油。

（5）男员工除特殊要求外不得化妆。

（6）使用香水时，不准喷刺鼻或香味怪异的香水。

4.首饰

（1）可戴手表，但颜色必须朴素大方，不可过于鲜艳。

（2）可戴结婚戒指。

（3）可戴钉扣型耳环，式样、颜色不能太夸张；不准佩戴吊式耳环。

（4）可以戴项链，但不得显露出来；工作用笔应放在外衣的内口袋里。

▣ 小案例

某物业公司化妆、饰品规范

整体要求：不能当众化妆或补妆，补妆要到洗手间或化妆间进行	
	（1）女员工上班应化淡妆，不可浓妆艳抹，不可使用气味浓烈的化妆品；使用的香水以清雅为主。男员工不得化妆 （2）上班时间一律不允许戴戒指（结婚戒指除外）、项链、耳饰、手镯、手链等饰物

5.个人卫生

清洁卫生是一个人外在的关键，也是礼仪的基本要求。不管长相多好，服饰多华贵，若满脸污垢，浑身异味，那必然会破坏一个人的美感。因此，每个人都应该养成良好的卫生习惯，且不要在人前"打扫个人卫生"，如剔牙齿、掏鼻孔、挖耳屎、修指甲、搓泥垢等，这些行为都应该避开他人进行，否则，不仅不雅观，也是不尊重他人的表现。与人谈话时应保持一定距离，声音不要太大，不要对人口沫四溅。

（1）每天洗脚，常剪脚指甲，且袜子要经常换洗，以免产生异味。

（2）常洗头，以免头发油腻和产生头皮。

（3）常剪手指甲，不得留长指甲。

（4）每天洗澡，保持身体清洁卫生、无异味。

（5）每天刷牙，饭后漱口，保持口气清新，牙齿洁白、无杂物；上班前，不吃蒜头、韭菜等气味浓烈的食品。

（6）保持整洁、干净、典雅及职业化的外表。

二、举止仪态

员工在管理、服务的过程中，应做到举止大方、不卑不亢、优雅自然。

1.站姿

要求：自然、优美、轻松、挺拔。

要领：站立时身体要端正、挺拔，重心放在两脚中间，挺胸、收腹，肩膀要平，两肩要平，放松，两眼自然平视，嘴微闭，面带笑容。平时双手交叉放在体后，与客人谈话时应上前一步，双手交叉放在体前。

女员工站立时，双脚应呈"V"字形，双膝与脚后跟均应靠紧。男员工站立时，双脚可以呈"V"字形，也可以打开与肩同宽，但应注意不能宽于肩膀。站立时间过长感到疲劳时，可一只脚向后稍移一步，呈休息状态，但上身仍应保持端正。各类站姿如图5-1所示。

前腹式　　　　　丁字式　　　　　跨立式　　　　侧放式（立正）

图5-1　各类站姿

❓ 小提示

站立时不得东倒西歪、歪脖、斜肩、弓背等；双手不得交叉，也不得抱在胸口或插入口袋；不得靠墙或斜倚在其他支撑物上。

2.坐姿

在接待客户时，员工坐姿要求如下：

坐姿要端正稳重，切忌前俯后仰、半坐半躺，上下晃抖腿，或以手托头俯伏在桌子上。不论哪种坐姿，女性切忌两腿分开或两脚呈八字形，男士双腿可略微分开，但不要超过肩宽，如图5-2所示。若需侧身说话，不可只转动头部，上身与腿应同时转动面向对方。

图5-2　坐姿

3.走姿

要求：自然大方、充满活力、神采奕奕。

要领：行走时身体可稍向前倾，昂首、挺胸、收腹，上身要端正，双目平视，嘴微闭，面露笑容，肩部放松，两臂自然下垂摆动，前后幅度约45度，步伐要始终一致。行走时，女员工走一字线，步子要小，行如和风；男员工要走成两条直线，迈稳健大步，如图5-3所示。

图5-3　走姿

行走时路线一般靠右侧，不可走在路中间。行走过程遇到客户时，应自然注视对方，点头示意并主动让路，不可抢道而行。如有急事需超越时，应先向客户致歉再加快步伐超越，动作不可过猛。在路面较窄的地方遇到客户时，应将身体正面转向客户。在客户前面引导时，应尽量走在宾客的左前方。

> **❓ 小提示**
>
> 行走时不能走"内八字"或"外八字"，不能摇头晃脑、左顾右盼、手插口袋、吹口哨、慌慌张张或与他人勾肩搭背。

4.蹲姿

要拾取低处物品时，不能只弯上身、翘臀部，而应采取正确的蹲姿。下蹲时两腿紧靠，左脚掌基本着地，右脚脚跟提起，脚尖着地，微微屈膝，移低身体重心，直腰拾取物品，如图5-4所示。

图5-4　蹲姿

5.手势

要求：优雅、含蓄、彬彬有礼。

要领：在接待、引路、向客户介绍信息时要使用正确的手势。五指并拢伸直，掌心不可凹陷（女士可稍稍压低食指）。掌心向上，以肘关节为轴。眼望目标指引方向，如图5-5所示。同时应注意客户是否明确所指引的目标。

图5-5　指引方向

❓ 小提示

不得用手指或用手拿着笔等物品为客户指示方向；不得用手指或用笔等物品指向客户。

6.举止

（1）注意举止形象，上班时间不得哼歌曲、吹口哨，不得大声说话、喊叫，不得乱丢物品、发出不必要的声响，不得随地吐痰、乱扔杂物。

（2）整理个人衣物时应到洗手间或是专用的区域，不得当众整理个人衣物或化妆；咳嗽、打喷嚏时应转身向后，并说对不起；不得当众剔牙，确实需要时，应背转身用一只手遮住口腔再进行。

（3）关注客户，及时和客户打招呼，以表示对客户的尊重；员工在工作、打电话或与人交谈时，如有其他客户走近，应立即打招呼或点头示意，不能毫无表示或装作没看见。

（4）不要当着客人的面经常看手表。

三、表情

（1）露齿的微笑是标准的表情，微笑能拉近人与人之间的距离，如图5-6所示。

（2）面对客户要表现出热情、亲切、真实、友好，同时还要做到精神振奋、情绪饱满、不卑不亢。

（3）和客户交谈时应全神贯注，双眼注视对方，适当地点头称是，不得东张西望、心不在焉，不得流露出厌烦、冷淡、愤怒、僵硬、紧张和恐惧的表情，不得忸怩作态、吐舌及故意眨眼。有条件的还应做好记录，让客户感觉到你在认真和他沟通。

图5-6　微笑能拉近人与人之间的距离

知识拓展

微笑的练习

微笑是需要练习的。有的人会说："我不习惯微笑。"习惯从何而来？习惯是慢慢养成的。改变一个不好的习惯，最好的方式就是养成一个好的习惯去替换它。以下阐述一下练习微笑的方法，大家可据此练习。

1.像空姐一样微笑

说"E——"让嘴的两端朝后缩，微张双唇；轻轻浅笑，减弱"E——"的程度，这时可感觉到颧骨被拉向斜后上方。相同的动作反复几次，直到感觉自然为止。

2.微笑的三结合

（1）与眼睛的结合。在微笑的时候，眼睛也要"微笑"，否则，给人的感觉是"皮笑肉不笑"。眼睛会说话，也会笑。如果内心充满温和、善良和阳光，那眼睛的笑容一定非常动人。眼睛的笑容有两种，一种是"眼形笑"，一种是"眼神笑"。

取一张厚纸遮住眼睛下边部位，对着镜子，心里想着最让你高兴的情景。这样，你的整个面部就会露出自然的微笑，眼睛周围的肌肉也处在微笑的状态，这是"眼形笑"。然后放松面部肌肉，嘴唇也恢复原样，可目光中仍然含笑脉脉，这就是"眼神笑"的境界。学会用眼神与客户交流，这样的微笑才会更传神、更亲切。

（2）与语言的结合。微笑着说"早上好""您好""欢迎光临"等礼貌用语，不要只笑不说，或只说不笑。

（3）与身体的结合。微笑与正确的身体语言相结合，才会相得益彰，给客户留下最佳的印象。

3.时时刻刻微笑

学会了如何微笑，作为服务人员，还应该在生活、工作中不断运用微笑，品味微笑。时刻保持微笑的要点为：

（1）自觉微笑。如果你过去没有做到这一点，今天起就要养成这个自觉。

（2）做任何事情之前，先微笑。无论是学习、工作、会朋友、交际，都要保持微笑。

（3）感到紧张时，给自己一个微笑。

（4）早晚面对镜子微笑。

（5）寻找生活中的榜样。你一定会在生活中遇到这样或那样的长者、上司、同事和朋友，他们的微笑或让你感到亲切、适度，或让你感到喜悦、温暖，或让你感到美丽、潇洒和自在，那么，就把他们当作微笑的榜样。

四、言谈及常用语言

1.言谈的基本要求

（1）声音要自然、清晰、柔和、亲切，不要装腔作势。

（2）声调要适合交谈的内容，不得让人感受到冷漠和不在意。

（3）声量不要过高或过低，以对方能听得清楚为宜。

（4）交谈时，如有三人或三人以上，要使用相互都能听得懂的语言。

（5）不准讲粗话，不得使用蔑视和侮辱性的语言，不得模仿他人的语言声调和动作。

（6）不开过分的玩笑，不得以任何借口顶撞、讽刺和挖苦客户。

2.常用的客户服务语言

（1）遇到客户要面带微笑，站立服务。管理人员应先开口，主动打招呼，称呼要得当，问候语要简单、亲切、热情。对于熟悉的客户要称呼客户姓氏。

（2）与客户对话时，宜保持1米左右的距离，要注意使用礼貌用语。

（3）客户讲话时，要全神贯注、用心倾听，眼睛要平视客户的面部；要让客户把话说完，不要打断客户的谈话，不要有任何不耐烦的表情；要停下手中的工作，眼望着对方，面带微笑；对没听清楚的地方要礼貌地请客户重复一遍。

（4）当客户请求帮助时，要从言语中体现出乐意为客户服务，不要表现出厌烦、冷漠、无关痛痒的神态。

3.服务文明用语

客服中心员工应掌握表5-1所示的文明用语，并切实在工作中运用。

表5-1　服务文明用语

1.称呼	"先生""小姐""女士""小朋友""阿姨"等，对女士应尽量称"小姐/靓女"或"大姐/阿姨" （根据地域习俗适当调整）
2.问候	（1）"您好！""早（晚）上好！" （2）"您回来啦！" （3）"您好！欢迎光临！" （4）"周末/节日愉快！" （5）"新年好！""恭喜发财！" （6）"您好！恭喜您乔迁新居！"
3.答复	（1）"您好，××栋请往这边走（具体方向）。" （2）"您好！客服中心在××，请往这边走！" （3）"对不起，张总刚出去，请稍候，我们马上帮您联系！" （4）"我非常理解您的心情……" （5）"请不要着急，先喝杯水，慢慢说！" （6）"对不起，您说的意思是不是……"

续表

3.答复	（7）"非常感谢您的宝贵意见，我们一定努力改进！" （8）"对不起/请您稍候，我们马上派人上门/现场处理！" （9）"您的意见非常好，我们坐下来再详细谈谈您的想法，这边请！" （10）"非常抱歉，我们暂时未提供这项服务，如有需要我们马上帮您联系！" （11）"非常抱歉，这件事我还需要查询/请示，请您留下联系电话，我咨询/请示后马上给您回复！" （12）"很高兴为您服务/很高兴为您处理这件事情/很高兴能够认识您/很高兴能够听到您的宝贵意见！"
4.解释、规劝	（1）"对不起，小区内车位已满，请您将车停到××（必须明确具体位置）" （2）"对不起，月保车位已满，如有空缺我们马上为您安排！" （3）"对不起，政府规定……谢谢您的理解和支持！" （4）"对不起/非常抱歉，我们在××设置了专门吸烟区，谢谢您的理解/支持/配合！" （5）"您好，这里是公共通道，为了您和他人的生命安全，请您将物品移到室内，谢谢您的支持和配合！" （6）"您好，非常抱歉，此处是消防通道/××××，为了您和他人的生命安全，请您将车停到××××！" （7）"实在对不起，为了保障全体客户的共同利益，请您多加谅解，谢谢您的理解和支持！" （8）"对不起，公共环境/安全/秩序需要大家共同爱护/遵守/维护，谢谢您的理解/支持/配合！" （9）"对不起，整洁的环境需要我们共同维护，请您把废弃物品投入垃圾桶内，谢谢您的支持和配合！" （10）"麻烦您出示放行条。" （11）"对不起，请您到客户服务中心前台办理放行条。" （12）"对不起，辛苦您多跑一趟。办理放行条是为了保障全体客户的财产安全，请您多加谅解！" （13）"您好，麻烦为您的狗套上狗绳，谢谢您的支持和配合！" （14）"您好，麻烦您清理一下小狗粪便，出门遛狗时请您带上报纸、垃圾袋。园区的环境需要大家共同维护！" （15）"您好，请看护好您的宠物，以免惊吓他人，谢谢您的支持和配合！" （16）"您好，请到××区域遛狗，这里人较多，以免惊吓/伤害他人，谢谢您的支持和配合！"

续表

5.提醒	(1)"您好！请小心台阶/请小心……" (2)"您好！请注意安全，小心地滑！" (3)"您好，湖边危险，请您不要靠近！" (4)"您好！请锁好车窗，贵重物品不要留在车内！" (5)"请坐好扶稳，照看好老人和小孩，车辆马上启动！" (6)"您好！注意安全，请照看好您的孩子/宠物/物品！" (7)"您好，今晚可能有台风/暴雨，请您关好门窗，做好防风/防雨准备！" (8)"我们已经在公告栏张贴了××××，请您留意，如有疑问，欢迎您随时来电咨询！" (9)"对不起，您的银行卡余额不足，请您及时补存，谢谢您对我们工作的支持！"
6.道歉	(1)"对不起/非常抱歉/不好意思/请谅解/请多包涵！" (2)"对不起，让您久等了！" (3)"对不起，辛苦您多跑一趟！" (4)"由此给您带来的不便，我们深表歉意！" (5)"我们的工作还有不周到的地方，请您多多包涵！希望您一如既往地支持我们的工作！"
7.答谢	(1)"谢谢！" (2)"不用谢！" (3)"不客气，这是我们应该做的！" (4)"谢谢您的鼓励/理解/支持/配合！" (5)"谢谢，您的心意我领了，不用客气！" (6)"谢谢，您的心意我领了，如果我接受的话就违反了我们公司的规定！" (7)"感谢您的宝贵意见/建议，希望您一如既往地关注和支持我们的工作！"
8.道别	(1)"欢迎再次光临！" (2)"再见，请慢走。" (3)"这是您的物品，请拿好，再见！" (4)"对不起，耽误您了，请慢走，再见！" (5)"如果您还有其他问题，请随时打我电话，请慢走，再见！"
9.接听电话	(1)"您好，××物业，工号×××为您服务！" (2)"您还需要其他帮助吗？"

续表

9.接听电话	（3）"请不要着急，您慢慢说！" （4）"您的电话信号可能不好，您的意思是不是……" （5）"不好意思，麻烦您稍等，我接下另外一台电话，先给他打个招呼！" （6）"您好，非常抱歉，我正在接待客户，请您留下电话号码，接待完后我马上回复您！" （7）"感谢您的来电，您反映的问题我们会马上处理，并在最短时间回复您，再见！"
10.拨打电话	（1）"您好，××物业，工号×××，请问您是×先生/小姐吗（或×栋×房的客户吗）？" （2）"谢谢您的支持，再见！"
11.资料发放	（1）"这是您的收费单据（×××使用说明书），请您收好！" （2）"这是我们公司的有偿维修价目表，请您过目！" （3）"这是装修管理手册/××××，请您收好，如有不明之处，请致电××××咨询！" （4）"为了园区的规范管理，我们制定了统一的防盗门（防盗网）款式，但厂家不限，请您留意，谢谢您的配合！" （5）"麻烦您在这里签名，谢谢您的支持！"
12.拜访	（1）"您好，我是客服中心×××，这是我的工牌，（拜访目的）" （2）"不好意思，打扰您了！" （3）"谢谢您的支持，请留步。" （4）"您好，打扰您了，我现在开始维修？" （5）"您好，我已处理完毕，请您看一看……麻烦您在这里签个字，谢谢您的支持！"
13.盘查	（1）"您好！请问有什么需要帮助的？" （2）"您好，请问您到几号楼？" （3）"您好！请问您找哪位？" （4）"对不起，请问您住哪一栋哪一房？麻烦您出示一下您的证件，我们需要凭证件出入楼栋大堂，谢谢您的配合和支持！"

4.服务禁语

客服中心员工不要使用表5-2所示的服务禁语。

表5-2　服务禁语

1.称呼禁语	（1）喂 （2）哎 （3）嘿
2.回答禁语	（1）不知道（不清楚） （2）这个不归我管 （3）怎么还问 （4）你有完没完 （5）你去问别人吧 （6）你不能等一下吗 （7）没见我很忙吗 （8）你真烦人 （9）你事真多 （10）你问我，我问谁 （11）不是和你说过了吗 （12）这是规定，难道我会骗你吗 （13）你买房的时候怎么不看好 （14）这是其他部门的事，你找他们吧 （15）这是领导说的，我也没办法
3.收取费用禁语	（1）你该交费了 （2）不交钱，停你水电 （3）交没交你自己不清楚吗 （4）你自己不会算呀 （5）我们不会算错的
4.服务禁语	（1）修不了 （2）急什么，没看见我正忙吗 （3）修不好就修不好，找谁都一样 （4）我们做不了，你自己想办法吧
5.临近上下班时 的禁语	（1）还没上班，待会儿再来 （2）快点，我们要下班了 （3）怎么这么晚，你怎么不早点来 （4）下班了，明天再来
6.受到指责批评时 的禁语	（1）我就是这样 （2）有意见找我们主管 （3）你爱和谁说和谁说 （4）尽管投诉好了 （5）又不是我让你搬这儿来住的 （6）大不了我不干了，怕什么

五、电话接听礼仪

接听电话的原则为：表明身份、表明目的、称呼姓名、仔细聆听、做好记录、重复、道谢/告别。图5-7所示为某客服人员正在接电话。

图5-7 微笑着接电话

1.电话接听的程序

电话接听的程序与要求，如表5-3所示。

表5-3 电话接听的程序与要求

序号	程序	规范及要求
1	铃响，拿起话筒	（1）接听电话前必须准备好记录用的纸和笔 （2）迅速调整情绪，保持一个愉悦的心情 （3）拿起话筒前要把微笑表现在脸上，并保持在整个谈话过程中 （4）电话铃响三声前必须接听；因特别原因超过三声才接听电话的，应马上致歉："对不起，让您久等了！"
2	首先表明自己的身份，并主动询问客户打电话的目的	（1）"您好，××客户服务中心，有什么可以帮到您吗？（请问您有什么事？）" （2）除了"您好"，还可用"早上好""下午好""晚上好""新年好""节日快乐"等词语代替 （3）说话的声音要听起来自然、流畅、清晰、柔和、富有感情

3	交谈	（1）在回答客户的问题前，要及时询问客户姓名，并称呼客户的姓氏，如"您好，陈先生" （2）对不愿告知姓氏的客户，在谈话时要使用"您""先生""小姐"等称呼，不得在交谈过程中不称呼客户 （3）熟练掌握客户服务的有关要求，娴熟地同客户交流 （4）在交谈的同时做好记录 （5）在聆听的时候，要不时地说："好的/是的/我明白/我知道了……"不得长时间一言不发，让客户认为你心不在焉 （6）在交谈过程中如需要暂时中断谈话，应说"对不起，请稍候/请稍等一下/请稍候半分钟/我接个电话"；当继续谈话时应说"对不起，让您久等了"，但要切记，不能让客户等候1分钟以上 （7）爽朗的笑声会感染客户，温和的笑声会拉近你和客户的距离
4	记录	（1）如果是投诉、建议、请修、不能马上回答的咨询、需请示才能处理的谈话以及重要的来电，要详细记录对方的姓名或姓氏、联系方式、地址、内容及要求 （2）如果是找同事的，应回答"这里是客户服务中心，请您拨打××××××这个号码，可以找到××先生"；如果同事不在，应说"他现在不在，您是否需要留下口信或电话号码？待他一回来，我就通知他。"然后记录下内容并转交给同事 （3）如果是自己的朋友或亲属在上班时间打来电话，要迅速处理，"对不起，我现在上班不方便讲电话，等我下班后，立刻和你联系"不得在上班时间长时间占用客服中心的电话聊私事
5	结束交谈	（1）重复你所记录的内容，并获得对方的确认，"……是这样的吗？"若不一致，及时修正所记录的内容，直到完整地表明客户的意思 （2）让对方放心，"我会尽快处理/我会尽快把这件事向上级汇报" （3）感谢客户的来电，"谢谢您的电话/谢谢您对我们的信任（希望再次接到您的电话）/谢谢您及时地通知我/谢谢您的建议" （4）收线，"愿您周末愉快（再次祝您节日快乐），再见。"

2.接听电话的注意事项

（1）首先要表明自己的身份。

（2）在交谈过程中要使用清晰、自然的声音，注意音量、音调和语言节奏。

（3）交谈过程中要全神贯注，用心聆听。

（4）询问、记住和使用客户的姓氏。

（5）重复客户的电话内容。

（6）电话结束前要感谢客户的来电。

（7）在电话交谈中，要使用常用的服务用语，不得使用过于口语化的语言。

（8）在交谈中，要善于引导客户的谈话，把握谈话内容的主动权。

（9）每接听完一次电话，要马上总结自己在这次交谈中的经验和不足，以促使自己不断提高接听电话的技术。

六、引见时的礼仪

客户要与领导见面时，通常由工作人员引见、介绍。引见时要注意：

（1）在引导客户去领导办公室的途中，工作人员要走在客户左前方数步远的位置，切忌把背影留给客户。

（2）在陪同客户去见领导的路上，不要只顾闷头走路，可以随意讲一些得体的话或介绍一下本物业的大概情况。

（3）在进领导办公室之前，要先轻轻叩门，得到允许后方可进入，切不可贸然闯入；叩门时应用手指关节轻叩，不可用力拍打。

（4）进入房间后，应先向领导点头致意，再把客户介绍给领导，介绍时要注意措辞，应用手示意，但不可用手指指着对方。

（5）介绍完毕，走出房间时应自然、大方，保持较好的行姿，出门后应回身轻轻把门带上。

> **？ 小提示**
>
> 介绍时，一般是把身份低、年纪轻的介绍给身份高、年纪大的；把男同志介绍给女同志；如果有好几位客户同时来访，要根据职务的高低，按顺序介绍。

第二节　遵守服务规范

提供规范的服务是物业服务企业的基本职责。只有好的服务，才能得到广大客户的认可，这样与他们沟通起来才顺畅自如。

一、客户服务礼仪规范

整体要求：进入工作岗位前，必须统一着装，正确佩戴工牌、工装配饰（发网、丝巾、领带）；进入工作岗位后，应迅速备齐办公用品、用具、资料，按照岗位工作标准要求及流程，以平和的心态，精神饱满地迎接客户。

接待客户时，必须保持规范的礼仪姿态，主动使用标准的文明用语；工作过程中，态度不亢不卑，不急不躁，表情亲切自然，举止文明优雅，处处体现专业素养。

1.前台

（1）接听电话

① 第一声铃响后才能接听电话，接听之前铃响不得超过三声，"您好，××物业（××客服中心），工号××为您服务！"

② 认真聆听并记录电话内容，复述要点并核对记录是否准确，不能打断对方说话。

③ 如果不能马上办理，应先记录再向对方致歉，"非常抱歉，关于这件事我还需要查询，请您留下联系电话，我咨询后马上给您回复！"

④ 通话结束之前要说："感谢您的来电……"并等待对方先挂电话之后再挂掉电话。

（2）来访接待

① 当有客户来访时，应面带微笑起身，主动问候"您好！"；客户携带着行李、购物袋或沉重的物件时，应主动上前协助或替客户开门。

② 在接待投诉客户时认真聆听，委婉地询问对方的目的，并做好相应记录。根据客户要求及时联系相关部门处理，并跟进处理结果，第一时间反馈客户。

③ 当遇到情绪较为激烈、比较坚持的客户时，要细心聆听、全神贯注，如有必要，可将其引导至其他办公室，了解具体投诉事宜。如果客户提出的要求无法满足时，不可立即回绝，可以委婉地答复："关于这件事我还需要请示，请您留下联系电话，我请示后马上回复您！"

④ 有客户在场时，不能接听私人电话或旁若无人地大声讲电话。确有紧急电话时，应先向客户道歉："不好意思，请稍等，我先接个电话！"并迅速小声接听电话，接完后向客户致意："不好意思，让您久等了！"

⑤ 当客户提出的要求，我们不能提供且不在我们的服务范畴内时，要礼貌地向其解释："非常抱歉，我们暂时未提供这项服务，如有需要我们马上帮您联系！"

⑥ 客户办完事后离开时，应主动起立微笑示意，并欠身行礼送行："再见，请慢走！"

图5-8为某前台接待人员正在接待客户。

| 起身相迎 | 请客入座 |

| 登记来访事宜 | 礼貌送客 |

图5-8　前台人员接待客户

2. 客服专员拜访客户

（1）提前与客户预约，征得客户同意后方可登门拜访。拜访之前，员工应检查仪容仪表、服饰着装是否规范，是否带齐了需要使用的各种物品（如给客户的礼物、信件、记录、文件、工具等）。

（2）到达客户家门前先按门铃，客户回应时主动礼貌地介绍自己："您好，我是客服中心×××，这是我的工牌，刚与您约好前来拜访！"如图5-9所示。

（3）客户允许进入时，应礼貌致意："不好意思，打扰您了。"套好干净的鞋套或者脱鞋后再进入。

图5-9 拜访客户（先敲门，再介绍自己）

（4）进门后不可东张西望，经客户示意后方可落座，保持标准姿势，身体应向客户方向微倾，目视对方，面带微笑说明来意："×先生/女士，打扰您，我想……"

（5）交谈时，态度不卑不亢，不可触及客户隐私，要认真聆听，重要的事情必须做好记录。

（6）出门时应答谢客户，如："谢谢您的支持，请留步！"

3.前台收费员

（1）客户来交费时，应站立欠身，微笑询问客户："您好，请问您住哪个单元？"

（2）查询客户应交费用并核对客户信息后，告知客户："您好，您应交费用总额为×元。"

（3）客户交费时唱收唱付，收款时向客户确认："您好，收您×元！"办完手续后将单据和找零双手递交客户："您好，收您×元，找零×元，这是您的收费单据和零钱，请您收好！"

（4）客户离开时，应道别："请带齐您的随身物品，请慢走，再见！"

4.停车场收费员

协助客户刷卡进出，刷卡时显示的收费金额应告知客户："您好，您从××时到××时停车××小时，共××元！"

客户交纳现金时唱收唱付："收您××元，找零××元，请收好！"然后放行道别："请慢走，一路平安！"

二、工程维修岗位服务礼仪规范

1.整体要求

工作时间内着工装，工具包统一挎在右肩，工具包内工具、资料齐全，干净无污渍，携带干净的工作布、专用鞋或鞋套。公共区域作业时，施工区域应设置围蔽和明显的警示标识。严禁酒后、不穿工装、衣装不整、穿拖鞋、穿短裤或背心上门服务。

接到维修指令后5分钟内到达维修现场，并请客户在"维修调度单"上签字确认到场时间。到达现场后30分钟内必须开始施工，维修结束前不得撤离现场。工程进行中确需离开现场的，必须征得客户同意，并在约定的时间内继续到现场完成该项工作。

2.具体要求

（1）上门维修施工时，应根据规范要求先敲门，客户开门后主动介绍身份："您好，我是工程部×××，这是我的工牌，现在维修×××，方便吗？"

（2）征得客户同意后，穿上鞋套进门，对维修项目进行初步检查和判断，确认故障原因并征询客户意见。

（3）如属于有偿服务，应告知客户"您好，维修项目×××已经过了质保期（或属于有偿服务范围），这是我们公司的有偿维修价目表，请您过目！"

（4）动工前做好客户家私的保护工作，放置工具时应先铺好保护垫。维修完毕后，清理施工垃圾，清洁现场，恢复现场原貌。

（5）维修完成后请客户确认："您好，我已处理完毕，请您看一看……麻烦您在这里签个字，谢谢！"

（6）离开时，与客户道别："您如果还有其他问题请随时打客服中心电话，打扰您了，再见！"

图5-10为某物业公司的工程维修服务礼仪。

图5-10　工程维修服务礼仪图示

三、秩序维护岗位服务礼仪规范

整体要求：值勤时精神饱满，与客户接触时必须先敬礼问好，动作标准、干脆有力，时刻体现物业保安员的精神风貌。任何时候都不允许态度粗鲁，严禁有刁难、推拉和打骂人的行为发生。

1.形象岗

（1）岗位执勤

① 在岗位上保持立正站姿，按要求着装，如图5-11所示。

② 客户行至三米距离时，向客户方向转体45度敬礼。

③ 客户走过去后，转体45度恢复立正站姿。

图5-11　立正姿势站立

（2）交接班

① 应在形象岗正中约7步距离的位置接岗。

② 接岗时，交接岗双方同时敬礼，礼毕后同时向右侧跨一小步，两人同时正步走7步交接岗位，转体互相敬礼，礼毕后方可按原路线返回，如图5-12所示。

图5-12　交接班

2.大门岗

（1）物品放行

① 客户搬运大件物资（物品）出小区时，秩序维护员要先敬礼，主动招呼："您好，麻烦您出示放行条！"

② 如果客户没有按规定办理放行手续时，秩序维护员应态度和蔼，认真解释："对不起，请您到客户服务中心前台办理放行条。"

③ 如果客户不理解，应耐心规劝："实在对不起，辛苦您多跑一趟。办理放行条是为了保障全体客户的财产安全，请您多加谅解！"

④ 放行时，主动向客户告别："感谢您的支持和配合，请慢走！"

（2）客户求助

① 遇到客户咨询问题时，先走下执勤岗位，向客户敬礼："您好！请问有什么需要帮助的？"

② 仔细聆听客户提出的要求，及时按相关规定作出回答。聆听过程中表情要专注，解答时态度要诚恳，解答用语要规范、准确、简洁，姿态要自然。

③ 在解答完客户的问题后，应为客户指引方向："您好，×××在×××，请往这边走！"

④ 客户感谢时，应答谢："不客气，这是我们应该做的！"

⑤ 阻止超大型货车驶入小区时，先做禁止通行手势，说明小区规定、不准驶入的理由，并请求理解、支持和配合："您好，超大型货车进入小区会损坏小区路面及阻碍其他车辆通行，请您把车停到对面停车场，谢谢您的理解和配合！"

3.巡逻岗

（1）巡逻岗秩序维护员在流动值勤中，按两人成行、三人成列的规定列队，齐步行走，步伐稳重，步调一致，如图5-13所示。

（2）在巡逻过程中，对讲机不用时应挂于右腰际，领队左手携带记录本。巡逻时精神饱满，行走自然大方。

（3）骑车巡逻检查工作时，姿态要端正，车速不超过15公里/小时。当行到岗位区域时，应减速慢行至岗位一侧停好车，下车进行巡查、督导工作。

（4）巡逻过程中遇到陌生人进入小区时，先敬礼后询问："您好！请问有什么需要帮助的？"并对其有效证件进行登记。如对方不能出示有效证件，应询问其是否有预约，巡逻队员与预约的客户取得联系并征得同意后，为其指引方向："您好，××栋请往这边走，再见！"

图5-13　两人巡逻

4.停车场岗

（1）凡进入停车场的车辆，秩序维护员应主动示意并指挥，对可进入停放的车辆，指示通行；如有车主停车咨询，先敬礼后询问："您好，欢迎光临！请问有什么需要帮助的？"

（2）停车场车位已满时，对禁入的车辆应作解释："您好，小区内车位已满，请将车停到×××（必须明确具体位置），谢谢您的支持和配合！"

（3）指挥车辆停放时，应快步走到可停放的车位位置，站在停车位画线的左后角，以车辆驾驶员在后视镜看到为宜，分别使用倒车、向左、向右、停车等手势指挥车辆正确停放在停车位内。

（4）指挥车辆时手势要标准，动作要干脆有力，站位要正确。声音要洪亮，口令要准确、简洁。

（5）车辆停稳后，主动帮客户开车门，开门时左脚在前侧身站立，右手拉开车门，左手搭在车门上方，目视左手位置。客户下车后，要主动问候并提醒："您好！请锁好车窗，贵重物品不要留在车内。"

图5-14为某物业公司的停车场秩序维护服务。

图5-14 停车场秩序维护服务

5.园区执勤岗

（1）盘查

① 遇到可疑陌生人时，要先冷静观察，盘查时要上前敬礼致意："您好！请问有什么需要帮助的？""您好，请问您到几号楼？""您好，请问您找哪位？"

② 遇到嫌疑较大、坚持不回应的陌生人，应敬礼致意："对不起，请问您住哪一栋哪一房？麻烦您出示一下您的证件，我们需要凭证件出入楼栋大堂，谢谢您的配合和支持！"

③ 如对方态度恶劣，应耐心规劝，使其知晓园区管理的有关规定和事项。如对方不听劝阻，应马上通知上级领导来处理。不可急躁，不许与其争吵。

④ 对方对检查如有不满，应向其解释说："实在对不起，为了保障园区客户的共同利益，请您多加谅解，谢谢您的理解和支持！"

⑤ 盘问后，应敬礼表示歉意："对不起，耽误您了，请慢走，再见！"经查证无误后，如有需要，应示意前往的方向："您好，××栋请往这边走！"

（2）规劝、制止

① 遇到有客户违反规定时，要保持冷静，先上前敬礼，用礼貌用语对客户进行规劝。

② 对方如有不满，先敬礼，再解释说："实在对不起，为了保障全体客户的共同利益，请您多加谅解，谢谢您的理解和支持！"

四、绿化、保洁岗位服务礼仪规范

整体要求：浇灌、消杀等对客户有影响的作业，一定要在显眼位置设置相关提醒或警示标识，以提醒客户注意；垃圾须及时清理，不允许堆放在影响观瞻的位置；工具摆放整齐、有序，严禁随意放置工具；工装保持干净，注意个人卫生。

1.绿化员

（1）有客户路过时，及时停止工作，为客户让路，并点头致意或问好。如场地有正在清理的枯枝等物，及时提醒客户："您好，请小心，注意安全！"

（2）消杀作业时如客户询问，应作好相关解释工作并提醒客户："您好！请勿靠近，注意安全！"

（3）在浇灌时如有客户过往，应立即将水管避向一边，以免将水溅到客户身上或影响客户行走。

图5-15为某绿化员正在浇灌树木。

图5-15　浇灌树木

2.保洁员

（1）清洁时，随身配备的清洁工具不可随意放置，要求放置在可视的10米范围内，如图5-16所示。

（2）在作业时，如有客户经过，应立即暂停手中的工作，将工具收在自己身前；站立一旁，微笑欠身致意，待客户走过后继续作业。

（3）若与客户迎面相对时，应主动侧身给客户让路，并欠身致意问好。

（4）有碍他人行走时，要使用敬语示意："您好，请注意安全，小心地滑！""请这边走！""谢谢！"

（5）进行拖地、清洁等作业时，要摆放指示牌，以提醒客户注意，如图5-17所示。

图5-16　清洁工具在可视的10米范围内　　图5-17　工作时摆放指示牌

✎ 学习回顾

1.物业服务人员在仪容仪表上应注意什么？

2.物业服务人员应有什么样的表情？如何练就自然的微笑？

3.物业服务人员接听电话时有什么要求？

4.客服前台如何接待来访人员？

5.秩序维护员碰到客户求助时该怎么做？

✎ 学习笔记

第六章　与业主的沟通

本章学习目标

1. 了解各类文书的写作要求。
2. 了解开展社区活动的步骤及要求。
3. 了解走访活动的要求。
4. 了解意见征询的要求。
5. 了解与业主沟通的其他方式。

第一节　利用各类文书与业主沟通

由于物业管理服务提供的产品是无形的服务，而且有很多服务是业主不容易感知到的，这样，业主对物管人员所做的大部分工作都毫不知情，如房屋及设备设施的日常维护和保养、化粪池的清掏、公共设施的消毒等，从而导致了业主对物业服务产生怀疑，觉得物业公司并无大用，物管费收取过高。因此，管理处应利用小区的告示栏，将各项工作告知业主。同时，每月作出工作总结并张贴在小区的告示栏内，工作总结应该尽可能详细，对各个部门的工作如实进行汇总，使业主能充分了解物业管理的日常工作。如果有条件，还可以开展"公开日"活动，让业主代表参观监控室和物业管理的其他日常工作，使其实际体会物业管理工作的艰辛，从而增加对物业管理的理解。

在日常物业管理活动中，物业公司在告示栏里可以通过一些通知、简讯、提示、启事、通告等来告知业主有关物业服务的事项，如图6-1所示。

图6-1　放置在公告栏里的通知

一、发布公告、通知的要求

1.安装统一布告栏

发布日常布告通常以书面形式为主。在以居住为主的小区内，可将布告张贴在小区主要出入口、每栋住宅楼的一楼大堂或电梯前厅。物业公司一般会在以上地点安装统一的布告栏，以方便业主注意布告栏中公告的内容，在第一时间内了解最新信息，如图6-2所示。

布告栏应制作精美、大方，与周围环境相映衬，从而保证小区内公共场所的美观。

对于商业楼宇而言，可将布告分发到各单位或投入到信箱内。

2.布告应有较高的认可度及接受度

日常布告一般是物业公司单方面主动发布的，业主被动接受信息，而且

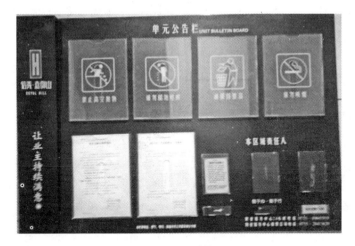

图6-2　公告栏

只能通过书面文字表达意思，属于物业公司与业主沟通的一种特殊形式。所以在拟订布告内容时，为保证业主对布告有较高的认可度及接受度，应注意以下几点：

（1）形式要规范。物业公司向业主发布的日常布告主要有通知、启事、通告、提示、简讯等形式。无论哪一种形式，都属于公文的一种，格式要规范。

（2）一个信息一个布告。大部分业主都是在经过布告栏时顺便留意布告的内容，停留的时间很短暂。为使业主在最短时间内得到准确的信息，最大限度降低信息的流失量，布告内容应单一，避免多个不同内容出现在同一布告内；布告的语言要简练明确，篇幅尽量短小精练，以保证信息传达得快速而准确。

3.语言要灵活

不同形式的布告，内容也不一样。物业公司发布的每一类布告都有其不同的目的，对业主收到信息时的反应要求也各不相同。这些差异主要可通过语言组织、措辞等表现出来，不同的语言表达可表现出发布者的不同态度。因而，为使业主能更准确地接收信息，物业公司可在语言上灵活运用，将实际目的准确地表达出来。

4.版面应严谨

在以居住为主的小区内，由于布告对象较多，管理人员应注意布告版面要严谨。对纸张的大小、字体类型及颜色等都应作统一规定，比如，发布通知、通告时，采用A4型纸张、宋体字；另外，对字体的大小也可作统一的规定，比如，标题用三号字，正文用小四号字等。

5.符合礼仪规范

物业管理人员在拟订布告文稿时，应使用符合礼节规范的礼貌用语，比如，文稿台头使用"尊敬的业主"，正文中对业主的称谓使用敬称"您"等。另外，无论发布何类别的布告，都应始终对业主保持尊敬的语气，决不能使用过分批判甚至侮辱性的文字。如确有必要批评业主，也应在语言上灵活应用，要使用婉转或较易接受的措辞，以取得满意的效果。

二、通知的写作要求

通知属于一般性的日常公告，也是使用最多的一种公告形式。通知的内容大致包括收取费用、停水停电、办理各类手续、公共场地消杀、清洗外墙、公共设施改造等。

拟稿时应注意语言的简洁、平实，避免拖沓冗长及使用过多的修饰语句，一般开篇就切入主题，将内容表达清楚后即可结束。

1.为业主带来不便的通知

对停电停水、清洗外墙、公共设施改造、公共场地消杀等事务发布通知时，在标题中最好标明主题内容，以引起业主的注意；正文要写明原因、具体起止时间、注意事项、咨询电话等，在表达比较重要的事项时可用区别于其他文字的特殊字体；由于此类事务会给业主的生活带来一些不便，所以在通知中应向业主表示歉意，通常可表述为"不便之处，敬请谅解！"

通知的写作格式与要求，如表6-1所示。

表6-1　通知的写作格式与要求

项目	基本要求
标题	通知，可标明主题，如停水通知
首行	写明通知要发放到的人员，如"尊敬的各位业主/住户"
正文	（1）原因 （2）具体起止时间 （3）注意事项 （4）联系电话
落款	物业公司盖章、日期

2.需业主协助工作的通知

收取费用、办理各类手续等，由于此类事务需要业主协助，需由管理处和业主共同完成，所以在发布时，内容要明确、突出，可在颜色、字体上突出重要的信息，给业主最直观的感受。同时应对业主给予的协助表示感谢，如"特此通知，谢谢大家的合作。"

其具体写作格式与前一类通知类似。

下面提供几份××物业管理公司发布的通知范本，仅供参考。

▌范本

停水通知

尊敬的各位业主/住户：

　　为了让大家用上清洁干净的生活用水，管理处将定于____年____月____日晚上____点至____年____月____日早上____点对地下水池进行清洗，到时将暂停供水，请大家备好生活用水，不便之处，敬请谅解。

服务电话：＿＿＿＿＿＿＿＿＿

＿＿＿＿＿＿＿物业管理有限公司

＿＿＿＿＿＿＿管理处

＿＿＿年＿＿＿月＿＿＿日

公共场地消杀通知

尊敬的业主/住户：

根据绿化养护安排和需要，近期，我公司将对本园区植物、草坪进行喷药杀虫作业。

持续时间：＿＿＿年＿＿＿月＿＿＿日至＿＿＿年＿＿＿月＿＿＿日。

喷药时间：09:00～12:00，14:00～18:00。

届时，请您远离打药工作区域，关闭门窗，减少户外活动并看管好您的小孩，带好您的宠物。

由此给您带来的不便，敬请谅解！

如有疑问，请致电客服前台：＿＿＿＿＿＿＿＿＿＿、＿＿＿＿＿＿＿＿＿＿

谢谢合作！

＿＿＿＿＿＿＿物业管理有限公司

＿＿＿＿＿＿＿管理处

＿＿＿年＿＿＿月＿＿＿日

出入刷卡通知

尊敬的业主/住户：

接近年关，治安形势比较复杂，为了让大家有一个安全文明的居住环境，请大家在出入时刷卡，并警惕陌生人跟随进入。没有办卡的业主、住户，请尽快来管理处办理。

特此通知。谢谢大家的合作！

_____物业管理有限公司

_____管理处

____年____月____日

三、简讯的写作要求

简讯类公告一般用于发布社区文化活动信息、管理处便民服务信息等。由于社区文化活动、便民服务等需要业主积极参与，所以，在拟订该类文稿时，从标题到内容都可采用较灵活的形式。版面上可采用色彩明艳的艺术字，语言组织上可以使用具有煽动性的措辞，让业主从中感受到发布者的盛情邀请，从而产生兴趣。

简讯的写作格式，如表6-2所示。

表6-2　简讯的写作格式与要求

项目	基本要求
标题	如好消息、喜讯等
首行	写明简讯要告知的人员，如"尊敬的各位业主/住户"
正文	灵活多样，可以介绍事情的经过、好消息的达成情况等
落款	物业公司盖章、日期

下面提供一份××物业管理公司发布的好消息范本，仅供参考。

📖 **范本**

好消息

（_____花园业主委员会____年第____号）

____花园全体业主：

近期，备受××花园全体业主关心、关注的_____东区____号楼东侧墙外出租楼开发商在我小区围墙私开铁门，并推倒围墙，打开通道，让人、车通行一事。经过××业主委员会、管理处共同努力，与各级政府相关部门联络、沟通，已于____月____日将建设办、国土局、规划局、城管监察大队、信访、居委会、派出所等有关部门权威人员，诚邀到我小区，进行会商。

下午2：30，××业主委员会、管理处和各级政府职能人员、私家楼主共同进行实地、现场测绘勘察。

建设办、国土局、规划局、城管监察大队依据××业主委员会提供的具有法律效力的宗地图、红线图、平面图，进行实地测绘，最后裁定：我们所有的图纸标志都是合法的、有效的、正确的。

由此证明，××号楼墙面以东10米的距离均是我小区属地，即现有围墙以外3.5米属小区属地。

××规划部门当场宣布，我们小区维权是合法的、有效的。现××街道建设办公室已下达处理意见，我们将按法定红线图完全封闭。

经过××业主委员会、物业管理处的不懈努力、团结合作，几年来，困扰我们××花园全体业主的围墙一事，终于尘埃落定。

此项维权完全可以证明：只要业主委员会和管理处团结起来，我们每一项维权行动，都会有好的结果。

最后，我们提醒广大业主，多说有利团结的话，多做有利团结的事，共创和谐小区。

借此，通告××花园全体业主，原定____月____日的现场业主会，暂时不再进行。

_____物业管理有限公司

_____管理处

____年____月____日

四、提示的写作要求

管理处发布的提示类公告，一般用于特殊天气、气候的提示，节日安全的提示以及社区内公共设施安全使用的提示等。比如，当南方沿海一带城市夏季遇到台风，北方城市冬季遇到降温降雪天气，管理处应时刻注意政府相关部门发布的天气预告，然后以发布提示的方式提前告知业主，提醒业主做好各方面的准备。由于提示的内容通常与业主的切身利益（如人身安全等）有密切关系，主要是提醒业主加强注意，所以，拟稿时在明确提示内容的前提下，语气应偏于温和，要让业主在收到提示的同时感受到管理处对业主的关怀。普遍的做法就是将提示的标题拟为"温馨提示"。

提示的写作格式，如表6-3所示。

表6-3　提示的写作格式与要求

项目	基本要求
标题	温馨提示，也可把主题加在温馨提示之前
首行	写明要提示的人员，如"尊敬的各位业主/住户"
正文	（1）点明提示的主题 （2）提醒业主/住户要注意的事项
落款	物业公司盖章、日期

下面提供一份××物业管理公司发布的温馨提示范本，仅供参考。

范本

温馨提示

尊敬的各位业主/住户：

"五一"劳动节来临之际，管理处各项业务正常开展，大家在欢度节日的同时，管理处提醒业主、住户注意以下几点：

1.外出的客户请您关好门窗，检查煤气阀、水龙头是否关好。

2."五一"期间大多数天气为多云转阵雨，请大家将放在阳台的花盆移入室内，以免坠落砸伤人。

3.请大家在外出时反锁好门，左右邻居相互照看，发现可疑人员及时通知管理处（联系电话：_____）。

4.春天正是鲜花盛开的季节，为了让我们的家园更美丽，希望大家不要去采摘鲜花，美好的环境是靠大家自觉来维护的。

5.如遇紧急情况，请您及时拨打管理处24小时值班电话。

白天：_____ 夜间：_____

管理处全体员工恭祝大家节日愉快，万事如意！

_____物业管理有限公司

_____管理处

____年____月____日

五、通告的写作要求

通告是管理处向业主发布的较特殊的公告。内容多偏向于对业主某些行为的管理。其中包括禁止业主实施某些行为，如禁止在社区内乱发广告、禁止违规装修、禁止破坏公共设施、禁止高空抛物等；还有一些是管理处即将采取的管理措施。基于以上内容，在拟订通告文稿时，应表达出管理措施的强制性，从文字上引起业主的关注，达到预期的效果。

通告的写作格式与要求，如表6-4所示。

表6-4　通告的写作格式与要求

项目	基本要求
标题	通告
首行	写明通告要告知的人员，如"尊敬的各位业主/住户"
正文	灵活多样，可以介绍事情的经过，要求业主/住户知晓、配合的事项
落款	物业公司盖章、日期

下面提供一份××物业管理公司发布的通告范本，仅供参考。

范本

关于弱电系统改造工程完工的通告

尊敬的各位业主/用户：

首先感谢您对本物业管理有限公司工作的理解和支持！在物业公司的积极努力及业主的大力配合下，弱电系统改造工程已基本完工，现将部分注意事项提示如下：

1. 小区出入管理系统和电子巡更系统已于＿＿＿年＿＿＿月＿＿＿日启用。每个门栋楼的黑色小圆点是巡更信息采集点，请业主不要破坏。

2. 小区门禁出入系统已于＿＿＿月＿＿＿日正常启用，为了确保小区门禁系统的正常使用，请积极配合安保员的出入管理工作，进出小区请自觉使用门禁卡。

3.周界电子围栏系统将于即日启用，为了确保您的安全，请不要靠近电子围栏。

小区的安全不仅要靠物业公司的有效管理，还要靠广大业主的支持。希望广大业主能积极配合物业公司的日常管理，共同建设美好家园！

_____物业管理有限公司

_____管理处

____年____月____日

六、启事的写作要求

管理处在社区内发布的启事类公告，涉及的内容相对于其他类别的公告要少一些，一般只涉及失物招领、寻物等内容。在拟订启事时，标明时间、地点及招领或寻找的物品特征等就可以了，当然，一定要注明联系方式。

启事的写作格式与要求，如表6-5所示。

表6-5　启事的写作格式与要求

项目	基本要求
标题	失物招领或寻物启事等
首行	写明启事要告知的人员，如"尊敬的各位业主/用户"
正文	（1）失物招领：灵活多样，可以介绍事情的经过，失物的情况，要求失主何时到何地凭何证件领失物 （2）寻物启事：介绍何时何地丢失了何物，要详细描述失物的特征，也可写明返还有酬谢之类的话
落款	启事书写者签字及日期

下面提供一份××物业管理公司发布的失物招领启事范本，仅供参考。

范本

失物招领启事

尊敬的广大业主：

　　管理处工作人员近日在巡楼中拾得钥匙数串，敬请丢失者携带相关证件到客户中心认领。再次提醒各位业主及物业使用人，注意保管好自己的物品，以免给您的生活带来不便。

_____物业管理有限公司

____年____月____日

第二节　利用社区活动与业主沟通

　　物业服务企业应以社区文化活动为纽带，与业主建立联系。应于每年年初制订年度的社区文化活动计划，为业主举办形式多样、内容丰富、喜闻乐见的联谊活动。

一、制订社区文化活动方案

　　社区文化工作是物业管理处为业主提供的一项重要的增值服务。一个物业小区如果拥有良好的生活方式、文化氛围和文化底蕴，将会使该物业服务企业的品牌知名度和品牌美誉度得到进一步的提升，给企业注入一种强大的文化内涵。而这种文化内涵将成为物业服务企业的"灵魂",成为企业的特有标志。

1.社区文化活动方案的内容

社区文化活动方案应详细说明活动的时间、地点、项目、参加部门、人员分工、邀请单位、嘉宾名单、活动器材道具、经费预算、经费来源等,并指派专人负责实施,同时,应向物业管理处提出费用申请。

每次社区文化活动开展前,应制订相应的活动方案,方案应充分合理,多安排一些能够让小区居民参与其中的表演和活动项目。

2.社区文化活动方案的格式

社区文化活动方案的格式,如表6-6所示。

表6-6 社区文化活动方案格式表

序号	项目	基本要求
1	标题	"××活动计划"或"××活动方案"
2	开篇	写明活动的开展目的,也可以将协办单位写进去
3	正文	(1)活动的时间 (2)活动的地点、报名方法、报名时间等 (3)活动的项目和开展程序 (4)活动的注意事项
4	落款	方案制作部门或制作人签名、日期

3.社区文化活动方案的调整

如因特殊情况需要调整社区文化活动方案,应及时写出书面说明和调整后的"社区文化活动计划",并由领导审核备案。

下面提供一份某物业管理处的活动方案,仅供参考。

范本

重阳节活动方案

一、活动主题说明

活动主题：走进××，关爱老人，健康伴您行联谊会。

二、活动目的

1.借助节日机会，把握合理主题，联络感情，促进销量。

2.通过在联谊会现场展示美满的生活片段，引发到会者对美好生活的向往，从而唤起大家对健康的足够重视。

3.塑造企业形象，提升企业形象，推动业主升级。

三、活动时间

＿＿＿年＿＿＿月＿＿＿日。

四、活动地点

＿＿＿＿＿＿＿小区广场或篮球场。

五、邀请对象

主要邀请小区老人和小孩，预计150户。

六、活动重点环节及亮点

1.业主与员工共饮菊花茶。

2.吃重阳糕或蛋糕。

3.参加活动的业主均可参与现场抽奖。

4.游戏（有奖品）。

七、活动流程

18:30～18:50：主持人上场，介绍活动主题，介绍重阳节的传说、来历。

18:50 ～ 18:55：共饮菊花茶。

18:55 ～ 19:00：保安员展示"群体拳"。

19:00 ～ 19:20：老人互动游戏"速度比拼"（需18个业主配合）。

19:20 ～ 19:30：业主节目（待定）。

19:35 ～ 19:45：老人互动游戏"抢座"（需9个业主配合）。

19:45 ～ 19:50：客服节目（歌曲）。

19:50 ～ 20:00：吃重阳糕或蛋糕。

20:00 ～ 20:15：主持人宣布抽奖。

20:15 ～ 20:20：在"难忘今宵"的歌曲中结束活动。

八、活动前期筹备

1.现场的清扫及保洁：_____，责任人：_____。

完成时间：____年____月____日。

2.现场的布置（桌椅及音响设施）：_____，责任人：_____、

_____、_____。

完成时间：____年____月____日。

3.宣传幅制作：_____，责任人：_____。

完成时间：____年____月____日。

4.信息发布（网络、电话、现场公告）责任人：_____。

完成时间：____年____月____日。

5.现场秩序维护：_____，责任人：_____。

完成时间：____年____月____日。

6.健康咨询专家联系人：_____，责任人：_____、_____。

完成时间：____年____月____日。

7.礼品采购：_____，责任人：_____。

完成时间：____年____月____日。

8.预计费用清单（略）。

九、活动总结

活动结束后要及时总结，总结的责任人为_____。

_____物业管理有限公司　_____管理处

_____居委会

年　　月　　日

二、社区文化活动的开展

1.社区文化活动的宣传动员

活动前做好小区居民的宣传动员工作，特别是组织一些居民积极分子进行活动前的排练和预演，以提高社区居民的参与热情。

（1）动员积极分子参与。平时就要了解业主中有哪些特殊爱好者，并与他们进行沟通，征求他们对社区文化活动的意见，邀请他们参与策划、组织、参与各类活动。可按表6-7所示的要求填写，以便于统计。

表6-7　社区文化积极分子名单

序号	姓名	爱好或特长	房号	联系电话	备注

（2）将活动广而告之。开展社区活动必须让所有人知晓，可以在公告栏上以通知或者邀请函的形式发布出来。

2.社区文化活动现场的控制

（1）保安队员要在现场维护秩序，确保活动现场的安全。

（2）活动时要进行现场报道，并保存好活动过程的影像资料，必要时可对业主进行采访，以收集报道素材。

3.社区文化活动结束后的工作

（1）社区文化活动结束后，要组织人员对活动现场进行及时清理并对活动进行总结。

（2）客户服务中心应对活动情况进行效果评估及总结。

三、办好社区的宣传栏

1.宣传栏的管理要领

物业管理处可根据本小区特点，通过宣传栏达到丰富居民业余生活、赞美新人新事新风尚、鞭挞不良现象及丑恶行为的目的。

（1）宣传活动应有计划，要做到重大节日宣传庆贺、特殊情况及时告诫、日常管理充分体现。

（2）每一期的宣传栏都应该安排专人负责，并提前策划、准备，绝不能"粗制滥造"，最好月月有更新、内容有创新。应设置不同版面、不同内涵的宣传栏，并重点宣扬小区的"真、善、美"行为，使之成为社区一道亮丽的风景线及社区居民的一份精神大餐。

（3）对有损社区形象及不符合要求的宣传，要及时给予更换，以保证质量与效果。

（4）应对每期的宣传栏进行编号和登记，记录出版日期、刊数、内容等，并拍照，备案存档。

2.宣传栏的内容要求

宣传栏的内容，可以从以表6-8所示的几个方面着手。

表6-8 宣传栏的内容要求

序号	要求	详细说明
1	宣扬社区新气象，反映广大居民身边的事物	即要结合当前国际形势，注重政治性和思想性，又要反映社区居民文化、物业管理处的企业文化、员工的工作及生活等。这样，即能激励员工，解答居民的疑问及各类热点问题，又能培养大家的社会公德，提高社区居民的生活素质
2	生活保健、日常起居及旅游等方面的常识	从一般物业的居住情况来看，在物业管理工作中，老年人和小孩是主要的服务对象。因此，每一期的宣传内容要有生活保健、日常起居及旅游等方面的常识。同时，还要添加一些娱乐性、趣味性的内容，以丰富宣传内容的内涵
3	居民心声、新闻等方面的内容	在每一期的宣传内容中增添一些"居民心声""新闻连载"之类的内容，更能贴近居民生活，促进沟通与交流

3.宣传栏的设计要求

（1）颜色要醒目，搭配要合理。

（2）大标题要鲜明、引人注目，要有新意。

（3）版块分布要合理，版块与版块之间要有一定的间距。

第三节 利用走访活动与业主沟通

物业服务企业应做好物业管理服务工作，加强与业主的联系，及时为业主排忧解难。同时，应不断总结经验教训，集思广益，改进管理水平，提高工作质量，经常开展回访工作。做好回访工作，有利于促进物业服务企业和业主的关系，有利于物业服务企业更好地为业主服务。

一、回访的方式

在进行回访时，为了不影响业主的正常生活、工作，可采用电话的形式回访，也可以采取与业主交谈、现场查看、检查等方式综合进行。回访由物业服务企业派专人负责，不定时进行。

二、回访的内容

回访内容主要包括水、电、暖、气等生活设施的使用及管理，卫生管理、绿化管理、公共管理、维修质量、服务态度等方面的问题。

三、关于投诉的回访

（1）回访时应虚心听取业主意见，诚恳接受批评，采纳合理建议，并做好回访记录。回访记录由专人负责保管。

（2）回访中，如对业主的问题不能当即答复，应预约时间回复。

（3）物业管理部门的其他人员接（听）到业主的意见、建议、投诉时，应及时反馈给部门领导或回访专责管理人员，并认真做好记录。对于不属于本部门职权范围内的事项，应及时呈报上级部门处理，不得推诿、扯皮。

（4）回访后，对业主反馈的意见、要求、建议、投诉，应及时整理，快速作出反映，并妥善解决，重大问题应向上级部门请示解决。对业主反映的问题，要做到件件有着落、事事有回音，回访处理率达到100%，投诉率力争控制在1%以下。

（5）接到业主投诉，应向业主表示歉意和感谢，并做好投诉登记。对于重大的投诉，部门领导应组织相关人员向业主进行检讨和说明，并及时落实解决措施及责任人，限期处理和整改。

（6）对投诉必须100%回访，必要时可进行多次回访，直至业主满意。

四、关于维修的回访

秉着对业主负责的原则，同时也为了确认和考核维修质量及维修服务人员的工作态度，维修工作完成后，一定要回访，这也是许多物业服务企业通行的做法。

1.维修回访的内容

（1）实地查看维修项目。

（2）向在维修现场的业主或其家人了解维修人员的服务情况。

（3）征询改进意见。

（4）核对收费情况。

（5）请被回访人签名。

2.维修回访的原则

小事、急事应当时或当天解决，如果同时有若干急事，应如实向业主说明，并协商检查、解决的时间。一般事情，当天有回音，三天内解决；重大事情，三天有回音，七至十五天内解决。对维修后，当时看不出维修效果的，或可能再出现问题的，应进行多次回访；对维修效果很明显或属正常低值易耗的，可进行一次性回访。

3.维修回访的语言规范

回访工作，可以由工作人员亲自上门拜访、实地查看，也可以通过电话与业主沟通确认，无论以何种方式进行，用语都要规范，声音要温和，表达要清晰。以下是一些常见的回访用语，可借来灵活运用。

"您好，我是××物业××××管理处的员工，今天特来回访，请问您对我们的维修服务质量是否满意？"

"先生（女士），您的水龙头现在还会不会漏水？我们维修服务人员的态度，您满意吗？"

"先生（女士），您在电话中反映的有关维修服务人员乱收费的情况，我们已作了调查与处理，现特来回访，与您沟通一下情况。"

4.维修回访的时间要求

回访时间一般安排在维修后一星期之内。比如，安全设施维修，两天内回访；漏水项目维修，三天内回访。每个物业公司都会有相应的规定，某知名物业企业对维修回访作出如下规定：

（1）危及住户生命、财产安全的，比如，出现天花板批荡层掉落，墙裂缝严重，灯罩松动，橱柜松动、倾斜，电器外壳带电等问题，应马上给予处理解决。处理后，一周内回访一次；并视情节轻重采取不断跟踪回访。

（2）房内墙角、天花板出现渗水现象，在接到通知后，马上到现场查明原因，并在两日内给予处理、解决。维修后第二天回访一次，如是雨水造成的，下雨后应马上进行回访。

（3）洗菜盆、洗脸盆或其他管道堵塞、漏水的，当日予以解决，次日回访。

（4）电视机、录像机、电冰箱、电烤箱等家电出现问题的，当天予以检查。若是简单维修，如插头断了或接触不良，应在维修后的第二天回访一次。

（5）业主的电视收视效果差，应马上与有关单位联系，两日内予以解决，次日回访。

（6）业主房内墙出现裂缝，但没有危及生命或影响正常生活，可与有关单位联系，三日内予以解决，五日内回访一次，一个月内回访第二次。

5.回访问题的处理

一般而言，对于回访中发现的问题，应在24小时内书面通知维修人员进行整改。

五、上门走访的安排

虽然信息时代流行电子邮件、打电话、传真或文字等沟通方式，但始终难以代替最古老、最朴素的促膝长谈。双方的情绪、眼神、肢体语言、面部表情可以相互感染和影响，一杯热茶、一瞬微笑可以尽释前嫌，化干戈为玉帛，完全取代了文字的冰冷和电话的客套，有着其他方式无法比拟的优点。但这也并非十全十美，当双方观点不一致或关系出现僵局时，稍有不慎反而会导致矛盾升级。

1.人员安排

走访业主时应注意一些问题，例如，走访通常由两个人组成一个小组，人多了会给业主造成心理上的压力；小组成员通常是一男一女，不管业主是男是女，这样都不会引起尴尬和不便，成员之间也可以有个照应和第三方的见证。

2.时间安排

（1）走访的时间安排在业主下午下班后较为合适，占用业主休息时间也是不尊重对方的表现。

（2）走访的时间长短要适宜，太短达不到效果，太长则影响业主的正常生活，通常为二十分钟或一个小时，当然也不能一概而论。

（3）走访应提前预约，不能给业主来突然袭击。

六、回访的细节

物业管理人员回访业主时要讲究方法和技巧，那样才能够取得最佳效果。以下介绍一些走访的细节事项。

1.见面问候时最好点名道姓

进入业主家时，我们通常会说："您好，见到您很高兴。"但如果改成："王先生，您好，见到您很高兴。"效果会更好。因为后者比前者要更亲切、热情。

2.如果业主没请你坐下，最好先站着

进入业主家时，如果他没请你坐下，最好不要自己坐下。坐下后，如业主请你抽烟，应表示感谢。抽烟时，千万不要把烟灰和火柴头掉到地板上，那是非常不得体的。

3.不要急于出示随身携带的资料

只有在交谈中提及，且引起了对方的兴趣时，才能向业主出示随身所带的资料。同时，回访前要做好充分的准备，预先考虑业主可能会提出哪些问题。当业主提出问题时，应给予详细的解释或说明。

4.主动开始谈话，珍惜时间

在回访时，应该主动开口，表达简洁准确，不要占用业主过多的时间，以免引起反感。

5.时刻保持热情

在回访时，如果对某一问题没有倾注足够的热情，那么，业主也可能会失去谈论这个问题的兴趣。

当业主因为某些问题而情绪激动，不配合工作时，应提早结束回访，以免又产生新问题，把事情弄得更糟。

6.学会倾听

进行回访时，不仅要会说，而且还要学会倾听。"听"有两个要求，首先要给业主留出说话的时间；其次要"听话听音"。当业主说话时，最好不

要打断他，听他把话说完。并利用恰当的时机给予响应，鼓励他讲下去。

不能认真聆听别人说话，也就不能"听话听音"，更不能很好地回答对方的问题。不论是在社交场合，还是在工作中，善于倾听是一个人应有的素养。

7.避免不良的动作和姿态

在回访时，应保持端庄得体，不做无关的动作或姿态，比如，玩弄手中的小东西、用手理头发、剔牙齿、掏耳朵，弄指甲、盯着天花板或对方身后的字画等，这些动作都有失风度。

千万不要故作姿态，卖弄亲近，比如，"咱俩无话不谈，要是对别人，我才不提这个呢！"俚话和粗话更应避免。

8.要善于"理乱麻"，学会清楚地表达

在说话时，表达应清晰准确，善于概括总结。不会概括的人，常令人不明所以；叙事没有重点、思维混乱的人，会使人不知所措。要注意自己说话的语气和语调，说话要保持清晰，语速徐缓，语调平稳。充满朝气的语调会使自己显得年轻。

9.注意衣着和发式

要记住自己代表着企业，体现着企业的形象，千万不要给人一种不整洁的印象，这样不仅无助于回访事情的解决，还会影响整个企业的形象。

10.避免过度关心和说教

应该避免过度的关心和说教，要表现出诚意和合作精神。

11.告别

回访结束出门时，要带好自己的随身物品，如公文包、资料等。告别语一定要适当、简练，千万不要在临出门时又引出新的话题。

第四节　通过意见征询与业主沟通

为加强物业管理处与小区业主之间的联系与沟通，及时了解业主的心声，应制定业主意见征询制度。管理处每年应以"意见征询表"的形式，征询业主意见及建议；并将重大投诉及其整改措施，以公开信的形式张贴在小区宣传栏，以加强与业主的沟通。

一、意见征询的内容

征询的内容包括治安、车辆、清洁、绿化、公共设备设施、社区文化活动、便民服务等，管理处可视实际情况选择每次征询的内容。

二、意见征询的方式

征询的方式一般为问卷调查。

下面提供一份问卷调查的范本，仅供参考。

> **▌范本**
>
> ### 物业服务满意度调查问卷
>
> 业主姓名＿＿＿＿＿　　门牌号＿＿＿＿＿　　车位号＿＿＿＿＿
>
> 车牌号＿＿＿＿＿＿　　联系电话＿＿＿＿＿＿＿＿＿
>
> 为了不断提高办公区物业管理的服务质量，我们非常希望了解您对我们物业管理中各项服务的真实感受，请在您认为最合适的选项中划"√"。以下是我公司对2011年3月物业管理工作满意度的调查，同时也

是我们今后改善物业管理的依据。

一、管理服务类：

1.您对物业工作人员的行为规范、服务热情是否满意？

□非常满意　　　□基本满意　　　□不满意　　　□非常不满意

2.您对物业公司客服热线的接听是否满意？

□非常满意　　　□基本满意　　　□不满意　　　□非常不满意

3.您对投诉的处理是否满意？

□非常满意　　　□基本满意　　　□不满意　　　□非常不满意

二、秩序维护服务类：

1.您对保安工作是否满意？

□非常满意　　　□基本满意　　　□不满意　　　□非常不满意

2.您对保安夜间巡逻密度、巡逻线路是否满意？

□非常满意　　　□基本满意　　　□不满意　　　□非常不满意

3.您对严格控制外来车辆、外来人员入内是否满意？

□非常满意　　　□基本满意　　　□不满意　　　□非常不满意

4.您对车辆停放秩序是否满意？

□非常满意　　　□基本满意　　　□不满意　　　□非常不满意

三、保洁服务类：

1.您对保洁服务人员的工作态度是否满意？

□非常满意　　　□基本满意　　　□不满意　　　□非常不满意

2.您对道路的卫生是否满意？

□非常满意　　　□基本满意　　　□不满意　　　□非常不满意

3.您对室内和公共区域的卫生是否满意？

□非常满意　　　□基本满意　　　□不满意　　　□非常不满意

4.您对绿化是否满意?

□非常满意　　　□基本满意　　　□不满意　　　□非常不满意

四、维修服务类:

1.您对目前维修服务工作的总体评价?

□非常满意　　　□基本满意　　　□不满意　　　□非常不满意

2.您对物业维修服务人员的维修质量是否满意?

□非常满意　　　□基本满意　　　□不满意　　　□非常不满意

3.物业公司对房屋质量问题的处理是否令您满意?

□非常满意　　　□基本满意　　　□不满意　　　□非常不满意

五、其他类:

1.您对物业整体的服务是否满意?

□非常满意　　　□基本满意　　　□不满意　　　□非常不满意

2.你对物业服务不满意的主要原因是?（可多选）

□人员素质低　　　　　　　□服务不到位

□服务态度差　　　　　　　□资金使用不透明

□不听取业主的意见　　　　□安保服务不到位

□该管的不管　　　　　　　□其他请说明＿＿＿＿＿＿＿

3.您认为一个好的物业管理公司主要应具备哪些条件（可多选）?

□及时完善的专业服务　　　□价格合理

□有资质　　　　　　　　　□从业人员素质较高

□其他请说明＿＿＿＿＿＿＿

六、您对目前物业工作有何其他方面的建议和意见?

＿＿＿＿＿＿＿＿＿＿＿＿＿＿＿＿＿＿＿＿＿＿＿＿＿＿＿＿

＿＿＿＿＿＿＿＿＿＿＿＿＿＿＿＿＿＿＿＿＿＿＿＿＿＿＿＿

七、我们还需要提供哪些服务内容？

_____

_____

再次感谢您的支持和配合！我们将不断努力，为您提供满意的服务。谢谢！

三、意见征询结果的统计与分析

物业服务企业应对征询结果按治安、车辆、清洁、绿化、公共设备设施、社区活动、便民服务等进行分类统计，如表6-9所示，并对意见调查表的发放与回收情况进行统计，如表6-10所示。同时，出具业主意见调查分析报告，如图6-11所示，对未达到质量目标和业主普遍反映的问题，根据程度采取相应的改进方法和纠正、预防措施。

征询的业主意见，由客户服务中心安排人员统一进行回访，并填写"回访记录表"（业主意见）。

表6-9　业主意见调查统计表

部门：_____　　　　　　　　　　　____年　　　____半年

单位＼结果	1	2	3	4	5	6	7	8	9	10	11	12	13	14	15	16
合计																
备注	表中的编号与调查项目的编号一一对应。															

统计人：　　　　　　　　　　　　　　归档：
日期：　　　　　　　　　　　　　　　　日期：

表6-10 业主调查表发放/回收率统计表

部门：_____ _____年 _____半年

业主总数		调查表发放份数		调查表回收份数	
发放率=$\dfrac{发放份数}{客户总数}$ = $\dfrac{\quad\quad}{\quad\quad}$ ×100%= _____ % 回收率=$\dfrac{回收份数}{客户总数}$ = $\dfrac{\quad\quad}{\quad\quad}$ ×100%= _____ %					
备注					

统计人：　　　　　　　　　　　　　归档：

日期：　　　　　　　　　　　　　　日期：

表6-11 业主意见调查分析报告

部门：_____ _____年 _____半年

序号	项目名称	满意率统计	备注
1	供电	(_____ / ____)×100%=	
2	供水	(_____ / ____)×100%=	
3	投诉接待	(_____ / ____)×100%=	
4	维修速度	(_____ / ____)×100%=	
5	维修质量	(_____ / ____)×100%=	
6	服务态度	(_____ / ____)×100%=	
7	公共卫生	(_____ / ____)×100%=	
8	公共设施	(_____ / ____)×100%=	
9	社区文化	(_____ / ____)×100%=	
10	保安执勤	(_____ / ____)×100%=	
11	园林绿化	(_____ / ____)×100%=	
12	空调管理	(_____ / ____)×100%=	

续表

序号	项目名称	满意率统计	备注
13	电梯管理	(＿＿＿＿＿＿＿＿/＿＿)×100%=	
14			
15			
16			
17		综合满意率=$\dfrac{\text{各项满意率之和}}{\text{项目总数}}×100\%$	

统计分析方法：
　　调查表共有＿＿＿＿＿项调查内容，每项有＿＿＿＿＿种答复。统计分析计算每项及综合满意率（各项满意率=该项＿＿＿＿＿＿满意数/回收的调查表总数×100%），并根据各分项满意率进行分析总结。

分析结果（附统计表，本页不够填写时可另附页）：

　　　　　　　　　　　　　　　　分析人：　　　　　　　　日期：

质量管理部：　　　　　　　　　　　　部门负责人：
日期：　　　　　　　　　　　　　　　日期：

第五节　采取其他方式与业主沟通

　　物业服务企业除了通过以上几种方式与业主进行沟通外，还可以通过短信群发、设立服务热线与意见箱、召开座谈会或联谊会、利用网络与微信等方式与业主沟通。

一、利用短信群发的方式传递信息

利用群发短信平台将信息传递给业主，包括与业主家居生活息息相关的问题（如煤气开关、停水、停电、小区除虫喷药等），以及温馨提示、小区大型活动通知、节日问候、最新的物业政策法规等内容，以此来体现物业公司贴心的人性化服务理念。

二、设立服务热线和意见箱

设立服务热线是听取业主意见、加强业主与管理人员沟通的最直接、最有效的方法之一。管理处应有专人负责接听电话，并按投诉来访的程序进行记录，细致地做好答疑解惑工作，及时准确地处理好业主的投诉和回访，给业主一个满意的复。同时，为了提高物业管理的服务质量和水平，让业主更多地参与管理工作，也为了收集业主对管理工作更多、更具体的意见，管理处应在物业管理小区的显著位置设立业主信箱，定时收集意见，并按轻重缓急加以解决。

三、召开座谈会、联谊会

为了征求业主对服务管理工作的意见，加强业主与管理处之间、业主与业主之间的沟通，可定期召开业主专题座谈会，举办多种形式的联谊活动。

座谈会、联谊会可以根据不同年龄层次、职业类型来选择业主进行交流，以便及时从不同的角度了解问题、听取意见，同时就业主对物业方面的一些误解给予解答。

四、利用网络进行沟通

随着计算机和网络的发展，物业服务企业与业主的沟通已经不仅仅局相于一定的空间和时间。

物业服务企业可以组建自己的网站，开设多个专栏进行宣传。也可以组建业主论坛，对于业主提出的问题，在公司领导批准后进行回复；对于业主提出的好的建议，立即落实；对于业主的一些误解或疑问，给予正确的舆论导向。每个职工也可以参与进来。图6-3为某物业公司在业主论坛上发的通知。

图6-3 在业主论坛上发的通知

五、利用微信进行沟通

在互联网的不断冲击下，传统的物业管理模式正在发生着各种各样的变化。据了解，现在很多物业服务企业，都在用微信和业主进行沟通。

1.微信群沟通

随着信息时代的发展，人与人的联系方式从单一的短信、电话，已发展到现在多元的QQ、微信、微信群等。现在很多物业服务企业都建立了业主微信群，客服人员在群里为大家提供物业咨询服务，业主也可以在群里进行物业报修。大家在群里互动交流，彼此了解，不仅拉近了物业工作人员和业主的关系，业主之间的邻里关系也变得更加和睦了。

客服人员使用微信群沟通时，要注意图6-4所示的事项。

事项一	尽量及时回复对方，如果无法及时回复，也要向对方解释一下理由。比如，你需要查询一下信息才能回答对方的问题，那么最好先回复一下"稍等，我需要查询一下"
事项二	信息完整地发送，一段完整的话要一次性发送。人类的阅读是一片一片的，如果一句句地看，不但效率低，也容易找不到重点，还容易被其他人的话打断。当然，一段话也别超过200个字，否则看起来会很累
事项三	重要的消息请打草稿，至少不要有错别字。微信沟通更类似书面沟通，太过口语化、错别字满屏，会降低沟通效率
事项四	少发语音，除非是时间紧迫，或不方便打字，但请事先说明。这是因为，连续很长的语音，会降低对方交流的欲望。从另一个角度来将，语音在有些场合不方便听，并且也没有办法转发，这会给工作的交流带来不便

图6-4　使用微信工作群沟通的注意事项

2.微信公众号沟通

如今，为了实现线上线下一体化服务，全面提高服务质量，拓展物业增值服务，很多物业服务企业相继开通了微信公众号。业主可以通过微信公众号随时随地了解物业服务和社区生活资讯。客服人员也可以对社区住户的在线询问、反馈投诉与建议，给予一对一的回复，以便及时解决业主的问题，提升服务质量和用户满意度。

一般来说，客服人员通过公众号平台与业主沟通时，应注意图6-5所示的事项。

（1）快速回复业主，留下良好的印象。对在线客户服务人员来说，回复业主是有黄金时间的。如果没有在黄金时间内回复，就会让业主感到不耐烦，从而对物业服务企业产生不信任。由此可见，快速回复对于在线客服而言是相当重要的，只有在较短的时间内回复业主，才能赢得对方的良好印象。

图6-5　公众号沟通的注意事项

（2）使用场景语气，拉近与业主之间的关系。当业主在线咨询时，说明这个业主有一定的需求，这就需要在线客服人员能够快速处理业主信息，理解业主的真实需求，迅速为业主提供解决方案并帮助业主解决问题，以展现优秀的专业素养。

当面对的是想要了解更多信息的业主时，应该耐心地解答业主的问题，多使用场景语气词来拉近双方的关系。

（3）有条理，逐一回复业主问题。一般情况下，在线客服人员在进行服务时，可能会同时服务多个业主，而有的业主就会比较着急，希望能第一时间得到客服人员的回复。这时，在线客服人员千万不可表现出不耐烦的情绪，而是应该尽量安慰业主，耐心地为业主一一解答，以实现高效的沟通。

✎ 学习回顾

1.物业服务企业发布公告、通知有什么要求？

2.几种常见文书的写作格式是什么？模拟各写一份。

3.制订一份社区春节活动的方案。

4.关于维修回访，应注意什么？

5.意见征询一般包括哪些内容？

6.如何利用微信群与业主进行沟通？

✍ **学习笔记**

第七章　与业主委员会的沟通

本章学习目标

1. 了解业主委员会的相关知识。
2. 掌握与业主委员会沟通的技巧。

第一节　业主委员会概述

根据《中华人民共和国民法典》和《物业管理条例》的相关规定，同一个物业管理区域内的业主，应当成立业主大会，选举产生业主委员会。

一、业主委员会的职责

《物业管理条例》第十五条规定，业主委员会执行业主大会的决定事项，应履行图7-1所示的职责。

二、成立业主委员会的意义

业主委员会是业主团体的内部常设执行机构。它由业主团体内部各个成员按一定程序选举产生，具体负责处理业主团体的日常性事务。比如，参与涉及全体业主共同利益的民事诉讼，和物业服务企业签订物业管理服务合同，规范业主行为等。具体来说，成立业主委员会，具有图7-2所示的意义。

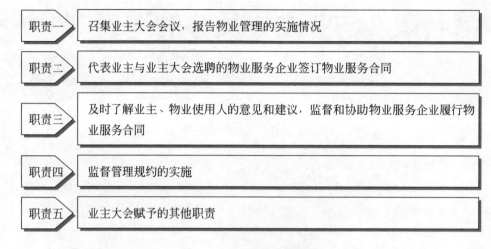

图7-1　业主委员会的职责

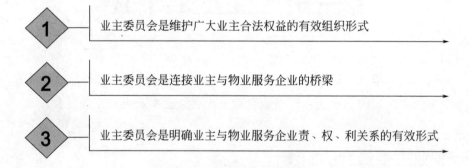

图7-2　成立业主委员会的意义

1.业主委员会是维护广大业主合法权益的有效组织形式

业主既是物业的所有者，也是物业管理和服务的消费者，业主有权自主选聘物业服务企业。但每个业主的选择不可能完全一致，而一个物业又只能由一家物业服务企业进行统一的管理，因此，业主委员会就应运而生了，它代表着广大业主的合法权益。

在物业管理过程中，单个业主与物业服务企业相比往往处于弱者地位，仅凭个人力量难以与之抗衡，业主对物业服务企业的监督权、建设权难以得到保障。而业主委员会则可以在享有物业服务企业选择权的基础上有效行使监督权。因此，业主委员会可代表全体业主集中行使物业管理的选择权、决策权，是维护广大业主合法权益的有效组织形式。

2.业主委员会是连接业主与物业服务企业的桥梁

物业服务企业作为以经营为主的企业，上有行业主管部门、工商行政管理部门、行业协会的制约，下有广大业主的监督，若有违规，将寸步难行。而业主作为房屋所有权人，则为小区聚居的个体居民，其职业各不相同，文化程度、道德修养等个人素质也千差万别，对物业管理法律法规及其相关知识，或知之甚少或一无所知。现代居住小区的特点是房屋毗连，邻里却互不相通。房屋毗连导致共用部分、共用设施设备增多；不相往来使得业主只关注个人居室空间，而很少注重外部环境。作为业主委员会，对社区的硬件、住户构成以及物业服务企业的各方面情况要有充分的了解，并对建设和谐社区做出应有的贡献。

比如，组织社区开展植树活动，一方面可以美化家园，另一方面可以增加业主对社区的眷恋与爱护，引导一种健康文明的生活方式，从而激发业主提高自身的素质。

> **❓ 小提示**
>
> 物业服务企业应定期与业主委员会沟通，谁的问题谁负责，不能推诿，并将沟通结果向业主报告，以保障大家的知情权。这个工作思路，对促进物业服务企业和业主委员会的关系是很有帮助的。

3.业主委员会是明确业主与物业服务企业责、权、利关系的有效形式

业主与物业服务企业之间的关系是物业管理服务的消费者与提供者之间的关系，除了受到有关法律法规的制约外，还应通过物业管理服务合同明确双方的权利和义务。

在现实生活中，业主是一个分散的群体，业主的意志具有多元化的特点，任何一家物业服务企业都难以做到与每一个业主分别签订物业管理服务合同。没有物业管理服务合同，业主与物业服务企业之间的责、权、利关系就无法具体明确，物业管理服务质量、费用等问题就无法量化、细化，一旦发生纠纷，也会缺乏有效的依据。因此，通过业主委员会与物业服务企业签订物业管理服务合同，是明确业主与物业服务企业责、权、利关系的有效形式。

三、业主委员会与物业服务企业的关系

业主委员会与物业服务企业的关系，表现在图7-3所示的几个方面。

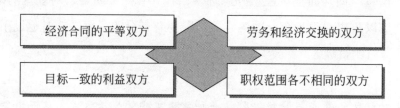

图7-3 业主委员会与物业服务企业的关系

1.经济合同的平等双方

业主委员会与物业服务企业是一种委托与受托的关系，签订物业管理服务合同前后，双方地位都是平等的。签订合同前，双方可以双向选择；合同签订时，对于管理目标、要求和费用，双方要协商一致。双方没有隶属关系，在法律上，业主委员会有委托或不委托某个物业服务企业的自由，物业服务企业也有接受或不接受委托的自由。

2.目标一致的利益双方

管理服务目标一经确定并签约后，业主委员会与物业服务企业双方都是物业管理目标的追求者。这个目标就是保持物业的完好，保障物业的安全使用，维护环境的优美整洁，保证公共秩序的良好。在这个目标下，物业服务企业要提供优质的管理服务，而这种管理服务的本质是维护物业业主和使用人的利益。双方聘与被聘的关系，融合在一致的目标之中；各方的行为都不能影响和损害该目标的实现。

3.劳务和经济交换的双方

劳务和经济交换关系是在经济合作关系下产生的，体现了有偿的等价交换原则。一方要求对方提供优质廉价的服务，另一方要求对方支付费用，这是一种对立统一的关系。当出现矛盾时，可以协商解决，也可以对合同进行修改与补充。当矛盾不能通过协商解决时，双方可以依法申诉，甚至提起诉讼。

4.职权范围各不相同的双方

物业服务企业是具体的作业单位，负责实施日常的管理。在合同范围内，业主委员会要与之合作并给予帮助，必要时可建立协调工作会议制度，定期召开联席会议，解决管理中遇到的一些问题。同时，业主委员会对物业服务企业的专业管理要进行监督、检查。物业服务企业和业主委员会要及时向业主大会或业主代表大会报告物业管理工作。

第二节　与业主委员会的有效沟通

业主委员会的角色是独特的，委员们都来自业主，因此也都了解业主的心态，知道该用什么方法处理一些棘手的事；而且委员们来自社会的各行各业，有丰富的社会经验和高超的处事技巧，所以，物业服务企业在日常工作中应与之进行有效的沟通，以获得他们的支持与帮助。

一、必须进行沟通的事项

物业服务企业与业主委员会必须进行沟通的事项，主要如图7-4所示。

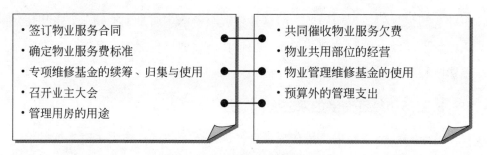

图7-4　必须进行沟通的事项

1.签订物业服务合同

《物业管理条例》第十五条规定了业主委员会的职责，其中包括"代表业主与业主大会选聘的物业服务企业签订物业服务合同"。第二十六条规定：前期物业服务合同可以约定期限；但是，期限未满，业主委员会与物业服务企业签订的物业服务合同生效的，前期物业服务合同终止。由此可知，签订物业服务合同是物业服务企业与业主委员会之间的头等大事。

2.确定物业服务费标准

当合同规定的费用标准不能满足物业管理实际工作需要时，物业服务企业应与业主委员会进行沟通，并通过业主委员会与业主大会，适当地调高服务费用标准。当合同约定的费用标准超出了需要时，业主委员会也会与物业服务企业沟通，要求降低费用标准。

《物业管理条例》第四十条规定：物业服务收费应当遵循合理、公开以及费用与服务水平相适应的原则，区别不同物业的性质和特点，由业主和物业服务企业按照国务院价格主管部门会同国务院建设行政主管部门制定的物业服务收费办法，在物业服务合同中约定。

《物业服务收费管理办法》第七条中也规定，物业服务收费实行政府指导价的，具体收费标准由业主与物业服务企业根据规定的基准价和浮动幅度在物业服务合同中约定。实行市场调节价的物业服务收费，由业主与物业服务企业在物业服务合同中约定。

从此可知，确定物业服务收费的标准是业主的基本权利，而且业主在费用标准确定过程中处于主导地位。

3.专项维修基金的续筹、归集与使用

《物业管理条例》第十一条第五款规定，筹集和使用专项维修资金应由业主共同决定。业主委员会作为业主大会的执行机构，在专项维修基金方面负有重要职责。当物业服务企业因工作需要须动用维修基金时，首先应与业主委员会进行沟通，然后通过业主委员会征求业主大会的意见。

4.召开业主大会

按照《业主大会和业主委员会指导规则》的要求，业主委员会应当按照业主大会议事规则的规定及业主大会的决定召开会议，以讨论并决定相关事项，其中包括制定和修改业主公约，物业区域内物业共用部位和设施设备的使用，区域内的秩序、卫生等规章制度，物业维修基金的使用、续筹，以及选聘物业服务企业等事项。这些事项都与物业管理工作密切相关，物业服务企业必须予以关注。而业主委员会一般也会要求物业服务企业配合以上各项工作，这是物业服务企业与业主委员会沟通的重要时机。

5.管理用房的用途

《物业管理条例》第三十七条规定：物业管理用房的所有权依法属于业主。未经业主大会同意，物业服务企业不得改变物业管理用房的用途。第六十三条规定：违反本条例的规定，有下列行为之一的，由县级以上地方人民政府房地产行政主管部门责令限期改正，给予警告，并按照本条第二款的规定处以罚款；所得收益，用于物业管理区域内物业共用部位、共用设施设备的维修、养护，剩余部分按照业主大会的决定使用：（一）擅自改变物业管理区域内按照规划建设的公共建筑和共用设施用途的；（二）擅自占用、挖掘物业管理区域内道路、场地，损害业主共同利益的；（三）擅自利用物业共用部位、共用设施设备进行经营的。个人有前款规定行为之一的，处

1000元以上1万元以下的罚款；单位有前款规定行为之一的，处5万元以上20万元以下的罚款。

按照上述法律规定，每个新建小区都配有物业管理用房，这些管理用房的所有权依法归全体业主所有。所以，当物业服务企业为了工作需要，需改变物业管理用房的用途时，也必须与业主委员会协商，协商不成的，则由业主大会决定。

6.共同催收物业服务欠费

《物业管理条例》第六十四条规定：违反物业服务合同约定，业主逾期不交纳物业服务费用的，业主委员会应当督促其限期交纳；逾期仍不交纳的，物业服务企业可以向人民法院起诉。

由上可知，业主委员会对不交纳物业服务费的业主有催收的法定义务。而实际工作中，欠费催收工作大都由物业服务企业承担，业主委员会履行催收义务的寥寥无几。为避免欠费而导致的企业亏损风险，物业服务企业应及时积极地与业主委员会进行沟通，并获得业主委员会的支持。

7.物业共用部位的经营

《物业管理条例》第五十四条规定：利用物业共用部位、共用设施设备进行经营的，应当在征得相关业主、业主大会、物业服务企业的同意后，按照规定办理有关手续。业主所得收益应当主要用于补充专项维修资金，也可以按照业主大会的决定使用。

物业服务企业若利用小区的共用部位、共用设施设备进行经营活动，比如，在小区内公共场地、大堂等搞展销活动，在外墙、天台上树立经营性广告等，必须首先与业主委员会进行沟通，协商是否可以进行经营，以及收益的分配及使用问题。业主委员会同意后，还须征得相关业主以及业主大会的同意。每年度，业主委员会应召开业主大会，向所有业主公开经营收入账目并接受审议。

8.物业管理维修基金的使用

物业共用部位、共用设备设施的维修更新费用从物业管理维修基金增值部分开支，具体使用计划由物业服务企业提出，经业主委员会批准后实施。

💼 **小案例**

某高层住宅小区建于1986年，商品房预售许可证是在1998年10月1日前核发的。按国家建设部、财政部《住宅专项维修资金管理办法》的规定，该小区物业公司要求业主按购房款的2%交纳物业管理维修基金，这引起了小区业主的投诉。业主认为，维修费应从管理费中出，不应再交钱。基于收维修基金在业主中造成的反响过于强烈，管理处决定暂缓收维修基金。但小区内的电梯、消防设备已趋于老化，电梯困人现象时有发生，消防设备几近瘫痪，居民投诉不断。

最后，管理处积极寻求业主委员会的支持，在与业主委员会多次协商后，决定分步筹集。先把收到的维修基金转入指定的代管银行建立专户，并按物业维修基金程序操作。不足部分，计划自建立首笔维修基金开始，分几年筹集，要求业主每年交纳续筹额的10%，直至达到规定数额。为减轻业主的负担，物业公司决定从每月管理费盈余中提取部分资金作为维修基金。

而且，管理处与业主委员会共同向业主宣讲相关程序以及国家的法规，使业主了解维修基金在物业管理中的重要作用，并催促业主继续交费。同时，管理处利用所收到的维修基金有计划地对小区内的电梯及消防设备进行维修及更换，赢得了业主委员会及广大业主的认可。

9.预算外的管理支出

在实际管理运作中，经常会有一些支出是编制预算时未考虑到的，如政府的收费、维修工具（仪表）的更换等，只要是预算外的支出，一概要报业主委员会审批。

二、有效沟通的原则

物业服务企业与业主委员会进行有效沟通，应遵循图7-5所示的原则。

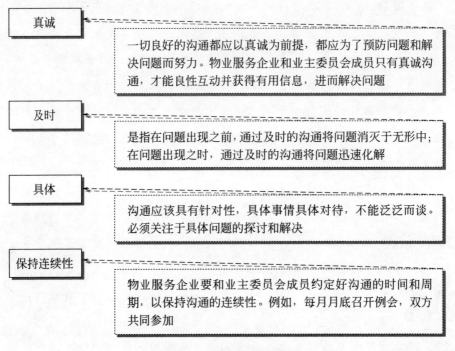

真诚

一切良好的沟通都应以真诚为前提，都应为了预防问题和解决问题而努力。物业服务企业和业主委员会成员只有真诚沟通，才能良性互动并获得有用信息，进而解决问题

及时

是指在问题出现之前，通过及时的沟通将问题消灭于无形中；在问题出现之时，通过及时的沟通将问题迅速化解

具体

沟通应该具有针对性，具体事情具体对待，不能泛泛而谈。必须关注于具体问题的探讨和解决

保持连续性

物业服务企业要和业主委员会成员约定好沟通的时间和周期，以保持沟通的连续性。例如，每月月底召开例会，双方共同参加

图7-5 有效沟通的原则

三、有效沟通的方式

物业服务企业与业主委员会之间的有效沟通，是控制物业管理成本最低化的必要条件。物业服务企业在积极运用信函、公告等沟通方式的同时，如果采取恳谈会进行沟通，则可以使沟通直接、明了，且具有平等性。

1.恳谈会的种类

恳谈会的种类，主要有表7-1所示的三种。

表7-1　恳谈会的种类

序号	种类	具体说明
1	邀请式	邀请式是由物业服务企业向业主委员会及业主发出通知召开恳谈会，解决有关问题。管理处针对物业管理服务中出现的重大问题或事项（如物管费的核定及收取、治安管理、水电费代收代缴等），需要征求广大业主的意见，并形成统一认识时，就可以向业主委员会负责人提出召开恳谈会。这种形式对管理处来说，属较为正常的工作程序，管理处有充分的时间准备，会议的效果一般都比较好
2	应接式	应接式是业主委员会针对物业管理服务中存在的问题，向管理处提出召开会议。管理处在遇到这种情况时，必须认真对待，尽可能及时召开恳谈会。同时要针对有关问题进行调查了解，收集情况，分析研究，提出整改措施或充分的解释，并形成文字依据
3	汇报式	汇报式是一种管理处按照正常程序，定期或不定期报告物管工作并请业主委员会审议或知晓的形式。通过这种恳谈会，可以使业主了解物业管理的工作内容、政策法规和管理处付出的劳动，还可以使业主了解物业管理各项费用的收支是否合理、目前存在的经费困难及其他问题，以达到相互理解、相互支持的目的

图7-6为某物业公司业主恳谈会的现场。

图7-6　业主恳谈会现场

2.开好业主恳谈会的步骤

开好业主恳谈会的步骤，如表7-2所示。

表7-2 开好业主恳谈会的步骤

序号	步骤	具体说明
1	做好会前准备	拟定恳谈会议题，收集有关数据资料，与业主委员会成员进行沟通并达成共识，下发通知，布置会场等
2	引导、控制会议	（1）要力求使会议气氛和谐、议题明确 （2）要随时掌握中心问题，尽量减少偏题现象 （3）要善于协调关系、化解矛盾、合理配置会议时间 （4）要注意原则性与灵活性的统一，动之以情、晓之以理
3	形成会议决议	（1）每次会议必须形成结论性意见，并以书面形式归档，重要会议或特殊议题还必须请业主委员会签字认可 （2）要尽快将会议决议向广大业主公布

关于物业服务企业与业主委员会沟通、协调的方式和要求，应以制度的形式确定下来，使之规范化。以下提供一份某物业公司与业主委员会沟通、协调规定的范本，仅供参考。

范本

物业公司与业主委员会沟通、协调规定

一、目的

为规范管理处与业主委员会沟通、协调工作，确保物业管理工作的顺利开展，特制订本规定。

二、适用范围

适用于物业公司在日常管理服务工作中与业主委员会的正常工作往来。

三、职责

（1）管理处经理负责与业主委员会进行沟通、协调。

（2）管理处公共事务部负责依照本规定与业主委员会进行正常工作往来。

四、程序要点

1.与业主委员会的沟通、协调方式：

（1）工作协调、沟通会议。

管理处每季度至少与业主委员会举行一次例行工作沟通会议，会议主要向业主委员会通报一个季度的财务支出情况和工作简况，以及需业主委员会协助的工作。

（2）专题工作会议。

遇到需经业主委员会同意方能进行的工作时，管理处经理应申请召开专题业主委员会会议，协商解决专项问题。

（3）每年6月底和12月底，管理处应会同公司领导一同拜访业主委员会，以召开专题工作茶话会的形式，向业主委员会汇报年度、半年度工作。

（4）定时工作沟通制度。

① 每月5日前向业主委员会报送管理处财务损益表。

② 每月10～15日，接受业主、业主委员会的质询、审计。

③ 每季度的第一个月向业主委员会报送社区文化报刊、宣传资料。

2.下列物业管理工作应当及时向业主委员会申报，请求支持：

（1）计划使用本体维修基金对楼宇本体进行大、中修时。

（2）计划使用公用设施专项维修基金更新公用设施时。

（3）物业管理服务工作涉及部分业主利益，需业主委员会出面协调时。

（4）物业公司制订了新的管理措施，需要业主委员会支持时。

（5）其他需向业主委员会请示、寻求支持的工作。

3.出现下列情况时，物业公司应当及时通报业主委员会：

（1）新的物业管理法规颁布执行时。

（2）所管理的物业出现重大变故或发生重大事件时。

（3）业主委员会的个别委员与物业公司有重大工作分歧且无法解决时。

（4）有重要的活动（如创优迎检）时。

（5）物业公司对个别业主执行违约金处罚时。

（6）其他应当向业主委员会通报的情况发生时。

4.物业公司向业主委员会申报工作时应当提前15日进行，通报情况时应当在事实发生（决定）后的3个工作日内进行。

5.物业公司向业主委员会申报工作、通报情况，均应以书面形式送达。

6.对业主委员会的质疑、建议、要求的处理：

（1）对业主委员会的质疑、建议、要求，管理处经理应认真倾听、记录。

（2）对于合理的质疑、建议、要求，应当在3个工作日内答复、解决。

（3）对于不合理、不合法的质疑、建议、要求，管理处经理应当耐心解释，不允许不耐烦或言语失礼；对于解决不了的问题，记录后应迅速上报公司总经理，由总经理寻求解决方案。

7.物业公司与业主委员会往来的工作信函、记录、决议，一律在管理处归档，长期保存。

四、沟通时的注意事项

1.角色转换

在与业主委员会的交流和沟通中，物业服务企业的工作人员要给予业主委员会足够的尊敬，使他们有发言权和用武之地。

业主委员会中的委员都来自业主，他们生活在广大的业主中间，因此，他们对业主的了解和业主对他们的信任是同等程度的。有了这种天然联系，业主委员会作出的决定也就容易被广大业主所接受。物业服务企业应积极与业主委员会沟通，在某些事情的处理上可向其寻求帮助。

2.合作与独立

合作是一门学问，合作中讲究妥协和理解。物业服务企业和业主委员会应该保持各自独立的存在和独立的特性；两者既特立独行又形影不离。

学习回顾

1.业主委员会与物业服务企业之间是什么关系？

2.有哪些事项必须与业主委员会沟通？

3.与业主委员会有效沟通的方式有哪些？

4.与业主委员沟通时要注意哪些事项？

学习笔记

_____

_____

_____

_____

_____

_____